Méthode de lecture

Je suis en CP

Pédagogie Montessori

Mieux apprendre grâce aux neurosciences

Un cahier conçu
par Isabelle Malet
Professeure des écoles diplômée en neurosciences
Illustrations d'Emmanuel Ristord

Flammarion

D'après la série « Je suis en CP »
de Magdalena et Emmanuel Ristord
Remerciements de l'éditeur à Raphaël Hadid

www.jesuisencp.fr

87, quai Panhard-et-Levassor – 75647 Paris Cedex 13
ISBN : 9782080271389 - N° d'édition : L.01EJEN002004.N001
Dépôt légal : janvier 2022
Imprimé en Espagne par Edelvives – novembre 2021

SOMMAIRE

QUAND LES NEUROSCIENCES S'INVITENT CHEZ MARIA MONTESSORI

Les outils pédagogiques de Maria Montessori répondent exactement aux exigences du fonctionnement du cerveau ; d'où l'idée de proposer une méthode de lecture avec des activités qui s'inspirent des découvertes de cette pédagogue renommée du début du XXe siècle, justifiées par celles, récentes, des neuroscientifiques.
Les activités de la méthode de lecture « Je suis en CP » ont été choisies pour répondre aux mécanismes cognitifs que les neurosciences nous font découvrir :
- la planification, l'autocorrection ou le réajustement des stratégies en cours de tâche ;
- la mobilisation des ressources du langage intérieur, une aide pour gérer les éléments distracteurs.
L'enfant est acteur de ses apprentissages : **il joue un rôle actif dans le développement et l'utilisation des capacités de son cerveau.**

Comme Maria Montessori (1870-1952) écrivait :
« L'éducation est un processus naturel chez l'enfant qui n'est pas acquis par l'écoute d'un discours mais par l'expérience de son environnement. »

Le cerveau, avec ses **100 milliards de neurones** reliés par un million de milliards de connexions et stimulé par son environnement, crée ses propres chemins neuronaux. Selon l'attention accordée aux informations collectées par les cinq sens, les informations peuvent se transformer en connaissances, qui s'impriment… ou pas, dans la mémoire. Il est important **d'utiliser et de réactiver le plus possible ses propres chemins neuronaux** pour aider le cerveau à apprendre.

• Toute notion nouvelle doit être présentée à l'enfant sous différentes formes afin de **stimuler le plus de sens possible**, en y associant le geste, la parole. Car, plus on met ses sens en éveil et son corps en action, plus on étoffe le souvenir de ce qu'il est en train d'apprendre. De plus, si l'enfant associe l'information à garder en mémoire à des situations vécues, il la mémorisera mieux.

• L'activité qui propose à votre enfant d'inventer une histoire à partir des mots à construire l'incite à s'engager dans un projet qui le motivera. L'élan de sa curiosité favorisera son apprentissage et **la construction d'images mentales**.

• La construction des mots (dès l'étape 2) demande à votre enfant de se déplacer de l'image vers les lettres mobiles. Ainsi, il expérimente le processus qui consiste à **garder en tête l'idée du mot imagé** sans se laisser distraire par l'environnement.

• **L'expérimentation avec essais et erreurs** est un mécanisme fondamental qui permet d'apprendre. Il faut pouvoir comparer une réponse que l'on pense être correcte à celle qui l'est réellement. L'enfant, surpris par une réponse ou un résultat qu'il n'attendait pas, apprend mieux. L'autocorrection présente dans la méthode joue un rôle très important : **si tout est explicité, il n'y a plus de motivation**.

• **Action et expérimentation sont associées au raisonnement** car pendant que l'enfant agit, tâtonne, prend connaissance de ses erreurs, il se questionne et fixe ses apprentissages dans sa mémoire à long terme.

• N'hésitez pas à **questionner votre enfant** au sujet d'une notion apprise. Cela l'oblige à aller récupérer l'information dans sa mémoire et donc à réutiliser ses connaissances et ses habiletés. Il active alors une nouvelle fois les réseaux de neurones liés au contenu et consolide ainsi son apprentissage.

« Si votre enfant cherche quelque chose, vous devez être disposé à l'aider, tout comme vous devez être disposé à lui permettre de trouver par lui-même ce qu'il cherche. » (Maria Montessori).

Aujourd'hui, le travail des neuroscientifiques et leurs découvertes nous permettent d'affirmer que Maria Montessori avait raison. L'enfant, pour cheminer dans son apprentissage, doit pouvoir expérimenter et découvrir par lui-même le monde qui l'entoure. **À chaque nouvel apprentissage**, de nouvelles connexions neuronales se créent, d'autres déjà existantes se renforcent.

Isabelle Malet

COMMENT BIEN UTILISER LA MÉTHODE DE LECTURE

Cette méthode de lecture, fondée sur la **pédagogie Montessori** justifiée et enrichie par l'apport des **neurosciences**, va aider votre enfant à apprendre de façon **active et progressive**.
Chacune des 5 étapes propose de nouvelles activités et des bilans qui permettent de vérifier ce qui s'est imprimé… ou pas, dans la mémoire.
Il est important de permettre à votre enfant de tâtonner, d'expérimenter seul, à son rythme, de lui suggérer des retours en arrière pour un meilleur apprentissage.

Vous trouverez en fin d'ouvrage les « outils » nécessaires, à découper avec votre enfant avant d'utiliser la méthode et à ranger dans différentes enveloppes en fonction de leur nature.

• Les lettres mobiles
Elles servent tout au long du livre à construire les mots et à jouer au « **Charivari des lettres** » (étape 5).

• Les cartes-images
Bordées d'une couleur, elles servent au « **Jeu des sons** » (étape 1), ainsi qu'à la construction des mots avec les lettres mobiles (étape 2).

• Les cartes-mots
Elles servent à l'autocorrection, à partir de l'étape 3, et mentionnent, au verso, le numéro de page du mot illustré. Il y a, pour chaque page 6 mots à composer ou à écrire.

Les lettres mobiles **Les cartes-images** **Les cartes-mots**

ÉTAPE 1 : MES SONS SIMPLES

Votre enfant s'approprie les sons simples et découvre chaque jour 1 ou 2 sons. Montrez-lui les lettres proposées et comment en suivre le tracé avec deux doigts (index et majeur ensemble sur la lettre beige) tout **en émettant le son** de la (les) lettre(s).
Attention à la prononciation du son. Par exemple, le « c » se prononce « kkk » comme dans « car » ! Puis demandez-lui de **tracer la (les) lettre(s) en l'air** en très grand format.

Le « jeu des sons » est **l'activité incontournable de cette méthode** : il exerce l'oreille de l'enfant à distinguer les sons contenus dans les mots, et constitue l'étape indispensable qui permettra d'aborder les dictées autonomes et d'entrer dans la lecture. (Voir la règle page 10)

ÉTAPE 2 : MES PREMIERS MOTS

Votre enfant réalise dès le début de cette étape que, grâce aux phonèmes du langage oral, il peut **construire des mots** (ce qu'il fera avec des lettres mobiles).
Au préalable, sous la dictée de votre enfant, vous écrirez une histoire en utilisant tous les mots de la page. La liste des mots à nommer se trouve en bas de chaque page, dans l'info parents.

Prévoyez deux endroits éloignés l'un de l'autre pour la construction des mots.
- Le premier endroit, où les lettres mobiles sont disposées, toujours dans le même ordre et, sur deux lignes : sur l'une, les lettres roses (les voyelles), sur l'autre, les lettres bleues (les consonnes).
- Le deuxième endroit, où l'enfant construit les mots après avoir posé, dans l'ordre qu'il choisit, les cartes-images les unes sous les autres.
L'enfant **répète autant de fois que nécessaire** le mot correspondant à l'image pour bien en discerner les sons tout en allant chercher les lettres utiles à son écriture. Quand il a composé les 6 mots, s'il a fait une erreur, aidez-le à la découvrir par lui-même.
En bas de chaque page, il est demandé à l'enfant de **se souvenir des mots** qu'il a construits, un principe efficace pour consolider l'information.

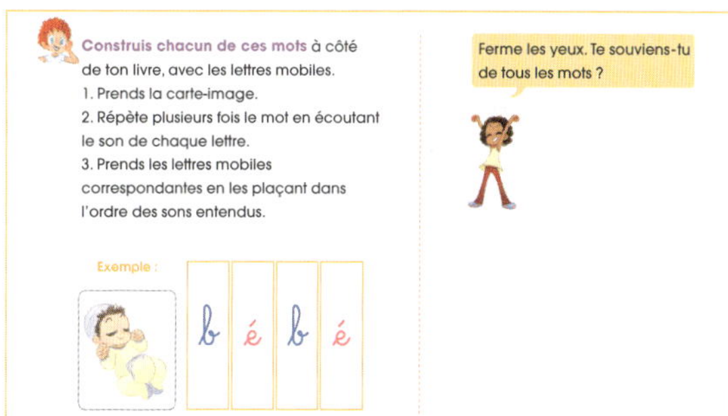

À la fin de cette étape, votre enfant pourra **lire ses premiers mots simples en les décodant**.

ÉTAPE 3 : MES PREMIERS SONS COMPLEXES

De l'étape 3 à l'étape 5, votre enfant construit les mots de la page, numérotés de 1 à 6, en posant les lettres mobiles à côté du livre. Puis, il procède à **l'autocorrection.** Faites-lui prendre les cartes-mots : il comparera chaque mot construit avec celui écrit sur la carte. Cet exercice est très important car **il l'amènera progressivement à la lecture**.

L'enfant **lit des sons**, puis **décode de « drôles de mots »** inventés : il développe l'habileté à lire correctement sans être tenté de deviner. Ensuite, l'enfant lit de « vrais mots » dont il comprend le sens ou le demande à l'adulte. Il enrichit ainsi son vocabulaire.

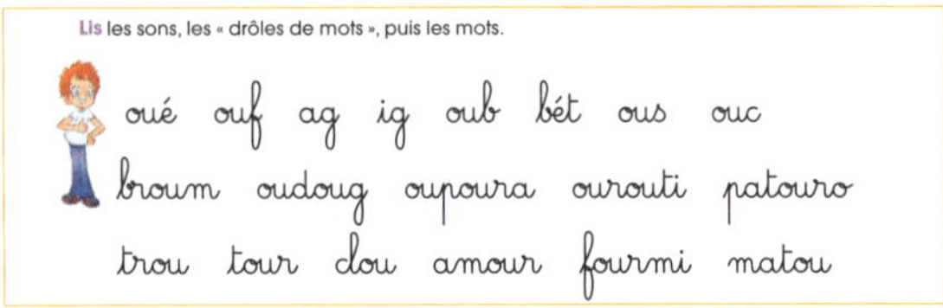

Comme précédemment, à vous de bien lui montrer, jour après jour, les nouveaux sons en utilisant les lettres mobiles nécessaires.
Chaque fois que l'enfant découvre une lettre qu'il ne connaît pas encore, il en apprend le tracé en effectuant le geste graphique comme expliqué au paragraphe « étape 1 ».

ÉTAPE 4 : MES PREMIÈRES PHRASES

À cette étape, l'activité « Chut, devine » permet à votre enfant de prendre conscience du **but primordial** de la lecture : **comprendre ce qu'on lit !**
Laissez l'enfant lire seul le message, dans sa tête, en silence, **puis demandez-lui de le mimer** devant vous. Lorsque l'adulte devine le mime, l'enfant découvre avec joie qu'il sait vraiment lire !

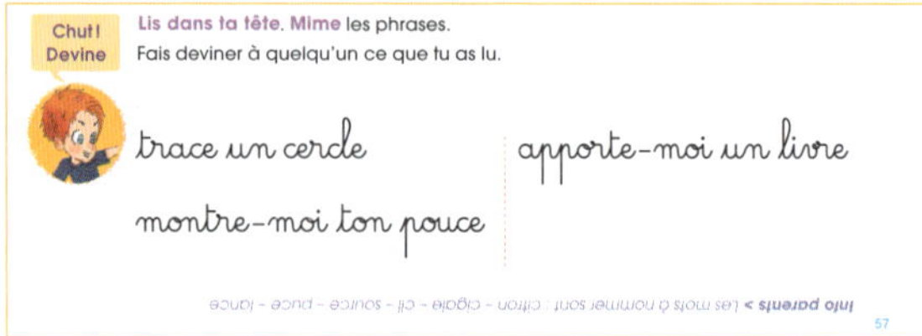

Ce moment est essentiel, n'aidez surtout pas l'enfant dans ce processus. S'il n'y parvient pas le jour même, il relira le message un peu plus tard…

ÉTAPE 5 : MES NOUVEAUX SONS COMPLEXES

C'est l'étape de **consolidation des acquis** de la lecture. Votre enfant **n'utilise plus les lettres mobiles ; il écrit** les mots correspondant aux images sur un cahier. Il découvre des sons plus complexes et quelques particularités (lettres muettes en fin de mots…).

Lorsqu'on écrit **g** devant **a** et **o**, on entend « **ggg** ».
Exemples : **g**are, **g**omme
Si on veut entendre « **jjj** » devant **a** et **o**, il faut ajouter la lettre **e** après le **g**.
Exemples : na**ge**oire, diri**ge**able

Écris chaque mot les uns sous les autres, sur un cahier. **Vérifie** avec les cartes-mots lorsque tu as écrit les 6 mots.

La lecture de phrases puis de textes extraits de la collection « Je suis en CP » lui est proposée.

Lis les mots, les phrases, puis le texte de « Je suis en CP » écrit par Magdalena.

un bain le poulain du pain un écrivain
une ceinture la peinture peindre éteindre
Je prends un bain chaque soir, cela me fait du bien.
Demain, je me reposerai car ce sera dimanche,
puis j'irai rendre visite à mon parrain.

Le jeu du « Charivari des lettres » (voir la règle page 10), permet de manipuler à nouveau l'assemblage des lettres ; il aide aussi à mémoriser l'orthographe des mots.

Défi mémoire

RÈGLES DES JEUX

LE JEU DES SONS

Ce jeu est proposé dans la partie « Mes sons simples ».

But du jeu

Apprendre à discerner les sons (phonèmes) contenus dans un mot.

Durée moyenne d'une partie

10 à 15 minutes.

Règle du jeu

1. Prendre toutes les cartes-images ayant les bords de la couleur indiquée dans le jeu de la page. Les placer sur la table, avec l'image visible. Puis faire de même avec les 2 lettres mobiles demandées.
2. Avant de commencer la partie, nommer chaque carte-image avec l'enfant.
3. Placer côte à côte les deux lettres mobiles en prononçant les sons correspondants.
4. Piocher une image. Demander à l'enfant de répéter autant de fois que nécessaire le mot évoqué. Lorsque le son est distingué dans le mot, l'enfant doit placer l'image sous la lettre qui correspond.

Exemple (page 13)

Conseil aux parents

Rappelez régulièrement à votre enfant que l'on recherche des mots où l'on entend le même son. Donnez-lui des exemples.

Un plus

L'enfant enrichit également son vocabulaire en découvrant le sens des mots.

LE CHARIVARI DES LETTRES

Ce jeu est proposé à partir de la page 77.

But du jeu

Placer dans le bon ordre toutes les lettres d'un mot pour en mémoriser l'orthographe.
L'ordre des lettres retrouvé permet de construire l'image mentale du mot.

Durée moyenne d'une partie pour la construction d'un mot

3 à 5 minutes.

Règle du jeu

1. Choisir un mot travaillé de la page, et sélectionner toutes les lettres mobiles correspondantes.
Exemple : pour le mot ALBUM, prendre les 5 lettres : A, L, B, U, M.
Mélanger les lettres et les placer face écrite cachée.
2. Choisir l'une des 5 cartes et la retourner.
3. Si cette lettre mobile n'est pas positionnée dans l'ordre d'écriture du mot, la placer là où elle devrait se situer, et ainsi de suite… jusqu'à ce que les lettres soient toutes retournées et bien à leur place dans le mot.
4. Épeler le mot formé plusieurs fois.
5. Recommencer avec un autre mot de la même page.

Variantes avec plusieurs enfants

- Les joueurs retournent à tour de rôle une lettre du mot. Une fois toutes les lettres bien placées, chacun épelle le mot complet. Il peut y avoir 6 parties avec les 6 mots de la page reconstitués successivement !
- Chaque joueur peut également reconstituer les mots de la page, l'un après l'autre.
- Si deux enfants jouent, ils peuvent reconstituer le même mot en parallèle (2 fois les mêmes lettres placées à côté) : celui qui place le plus vite ses lettres dans le bon ordre a gagné !

À vos lettres, prêts, partez…

Étape 1

mes sons simples

« aaa »

Je vois a

J'entends « aaa »

Passe ton index et ton majeur sur a en prononçant **« aaa »**, puis **trace** a en l'air en prononçant **« aaa »**.

Nomme chaque image, tu entends le son **« aaa »**.

Un adulte tape une suite de bruits rythmés.
Écoute-les bien et **essaie de refaire** les mêmes.

Info parents > Les mots à nommer sont : avion – car – panda

sapin

Je vois s

J'entends « SSS »

Passe tes deux doigts sur s
en prononçant « **sss** »,
puis **trace** s en l'air
en prononçant « **sss** ».

Nomme chaque image, tu entends le son « **sss** ».

Le jeu des sons

(voir la règle du jeu page 10)

Pioche les cartes-images bordées de rouge, **nomme-les**, puis **place-les** sous le son « **aaa** » ou le son « **sss** » entendu.

Lis à voix haute chaque son.

a	a	s	s	s
a	a	a	s	a
s	s	a	a	s
a	s	s	a	s

Info parents > Les mots à nommer sont : serpent – os – dessin

« rrr »

reine

Je vois r

J'entends « rrr »

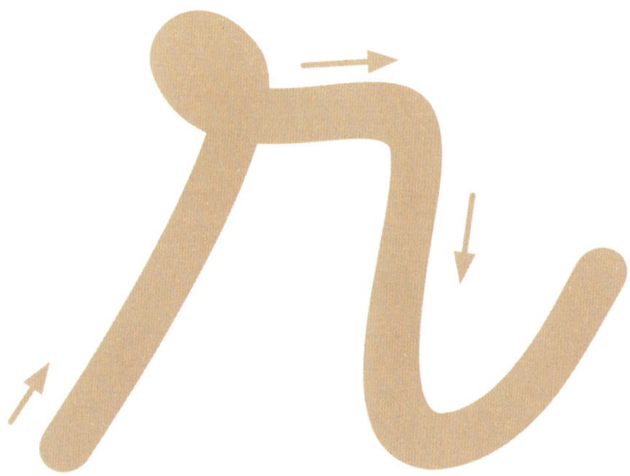

Passe tes deux doigts sur r
en prononçant **« rrr »**,
puis **trace** r en l'air
en prononçant **« rrr »**.

Nomme chaque image, tu entends le son **« rrr »**.

Lis à voix haute chaque son.

a s a r a r s r a r

s s a r s a r a r s

Info parents > Les mots à nommer sont : porte – robe – mare

sac

Je vois c

J'entends « kkk »

Passe tes deux doigts sur c
en prononçant **« kkk »**,
puis **trace** c en l'air
en prononçant **« kkk »**.

Nomme chaque image, tu entends le son **« kkk »**.

Le jeu des sons

Pioche les cartes-images
bordées de bleu, **nomme-les**,
puis **place-les**
sous le son **« rrr »**
ou le son **« kkk »** entendu.

Lis à voix haute chaque son.

c c r c r
a c s c r
c r r a r
s c s r c

Info parents > Les mots à nommer sont : sac – école – canard

« lll »

Je vois — l

J'entends — « lll »

lapin

Passe tes deux doigts sur l en prononçant « lll »,

puis **trace** l en l'air en prononçant « lll ».

Nomme chaque image, tu entends le son « lll ».

Lis à voix haute chaque son.

l s c r a l s r a r l c r

l s c r s a r c r l a l r

Info parents > Les mots à nommer sont : balai – lapin – pull

cantine

Je vois *i*

J'entends « iii »

Passe tes deux doigts sur *i*
en prononçant « **iii** »,
puis
trace *i* en l'air
en prononçant « **iii** ».

Nomme chaque image, tu entends le son « **iii** ».

Le jeu des sons

Pioche les cartes-images
bordées de jaune,
nomme-les, puis
place-les
sous le son « **lll** »
ou le son « **iii** » entendu.

Lis à voix haute chaque son.

i l r l a s
i l r l l i
c i s l a c i

« bbb »

Je vois *b*

J'entends « bbb »

bébé

Passe tes deux doigts sur *b* en prononçant « **bbb** »,

puis **trace** *b* en l'air en prononçant « **bbb** ».

Nomme chaque image, tu entends le son « **bbb** ».

Lis à voix haute chaque son.

b i b a l r s r b r c l b

l i b b s a i b s i l a r

Info parents > Les mots à nommer sont : biche - table - cube

sol - kimono

Je vois o

J'entends « ooo » (ouvert) *comme dans* sol

J'entends « ooo » (fermé) *comme dans* kimono

Passe tes deux doigts sur o
en prononçant **« ooo »**,
puis **trace** o en l'air
en prononçant **« ooo »**.

Nomme chaque image, tu entends le son **« ooo »**.

Le jeu des sons

Pioche les cartes-images bordées de vert, **nomme-les**, puis **place-les** sous le son **« bbb »** ou le son **« ooo »** entendu.

Lis à voix haute chaque son.

b o b b l o
i o b a o b
s b c o r s

Info parents > Les mots à nommer sont : os – pot – kimono

« mmm »

marmite

Je vois — m

J'entends — « mmm »

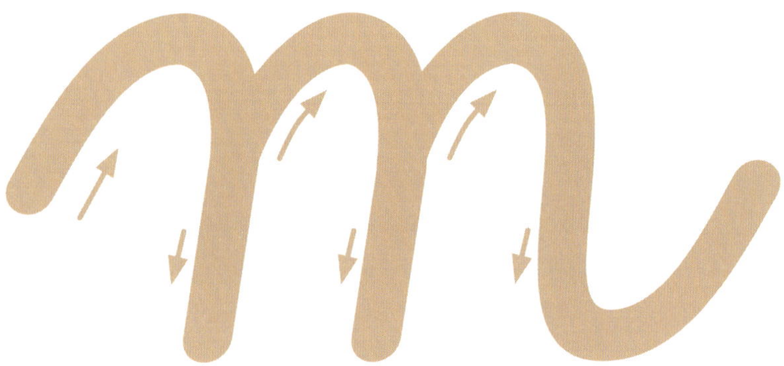

Passe tes deux doigts sur m en prononçant **« mmm »**, puis **trace** m en l'air en prononçant **« mmm »**.

Nomme chaque image, tu entends le son **« mmm »**.

Lis à voix haute chaque son.

m o m b a r m s i m

m a c l m r c l m o

Info parents > Les mots à nommer sont : main – camion – pomme

biberon

Je vois *e*

J'entends « eee »

Passe tes deux doigts sur *e*
en prononçant « **eee** »,
puis **trace** *e* en l'air
en prononçant « **eee** ».

Nomme chaque image, tu entends le son « **eee** ».

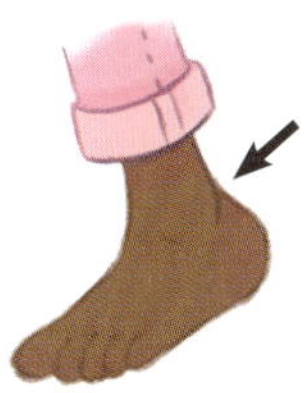

Le jeu des sons

Pioche les cartes-images bordées d'orange, **nomme-les**, puis **place-les** sous le son « **mmm** » ou le son « **eee** » entendu.

Lis à voix haute chaque son.

m e m m e b

e o e m l e

m i s c a r

Info parents > Les mots à nommer sont : cheval – cheville – renard

« VVV »

vélo

Je vois *v*

J'entends « VVV »

Passe tes deux doigts sur *v* en prononçant **« VVV »**, puis **trace** *v* en l'air en prononçant **« VVV »**.

Nomme chaque image, tu entends le son **« VVV »**.

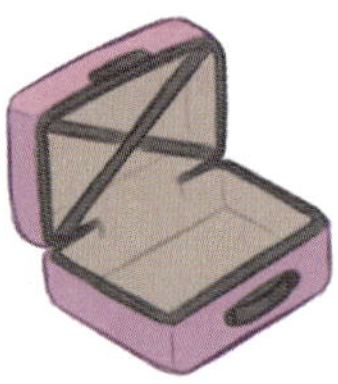  

Lis à voix haute chaque son.

m v e v a r c v l b v c

v e s v l v m a v o e b

Info parents > Les mots à nommer sont : valise – éventail – savon

table

Je vois *t*

J'entends « ttt »

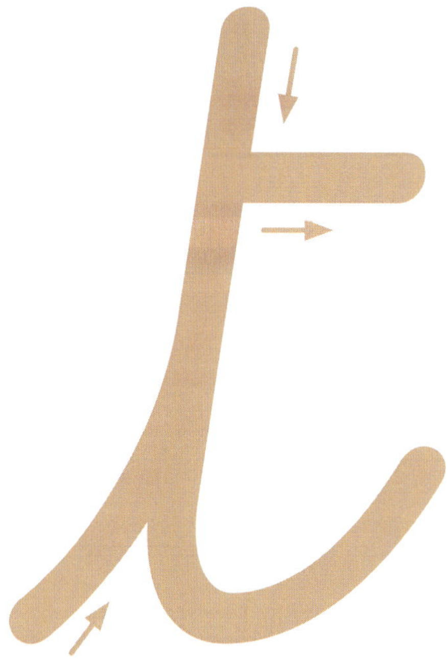

Passe tes deux doigts sur *t*
en prononçant **« ttt »**,
puis **trace** *t* en l'air
en prononçant **« ttt »**.

Nomme chaque image, tu entends le son **« ttt »**.

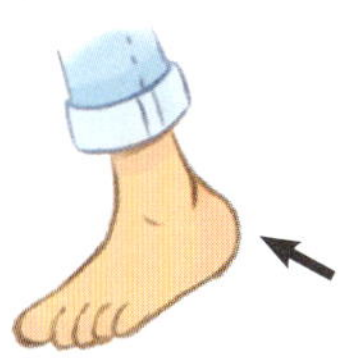

Le jeu des sons

Pioche les cartes-images
bordées de violet,
nomme-les,
puis **place-les**
sous le son **« vvv »**
ou le son **« ttt »** entendu.

Lis à voix haute chaque son.

v t v t a b v

t v o m v t

v e t v c r

Info parents > Les mots à nommer sont : talon – fantôme – route

« uuu », « ddd »

tutu – danse

Je vois : u — J'entends : « uuu »

Je vois : d — J'entends : « ddd »

Passe tes deux doigts sur u
en prononçant **« uuu »**,
puis **trace** u en l'air
en prononçant « uuu ».

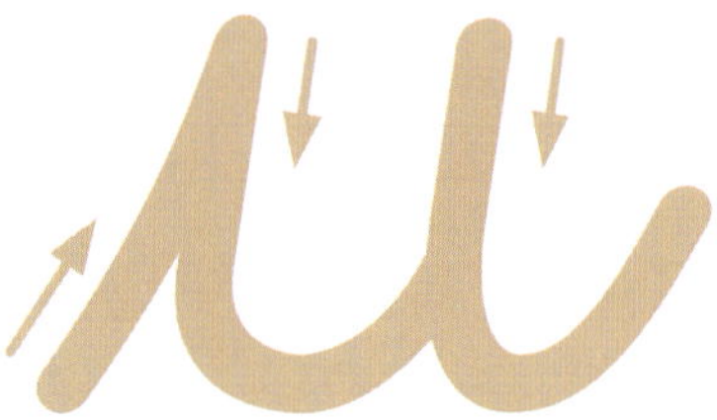

Prononce **« ddd »**
en **passant tes**
deux doigts sur d,
puis en
le **traçant**
en l'air.

Nomme chaque image,
tu entends le son **« uuu »**.

Nomme chaque image,
tu entends le son **« ddd »**.

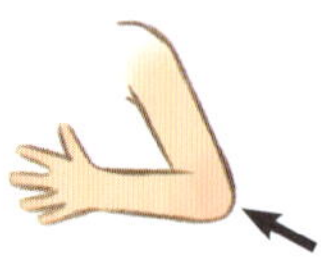

Le jeu des sons

Pioche les cartes-images
bordées de rose clair,
nomme-les,
puis **place-les**
sous le son **« uuu »**
ou le son **« ddd »** entendu.

Lis à voix haute chaque son.

u	d	u	d	l
d	i	d	u	m
d	u	a	u	d
s	c	r	o	a	c

Info parents > Les mots à nommer sont : usine – fumée – tortue – coude – dé – radis

« ppp », « fff »

parc – feuilles

Je vois *p* — J'entends « ppp »

Je vois *f* — J'entends « fff »

Prononce « **ppp** »
en **passant**
tes deux doigts sur *p*,
puis en
le **traçant**
en l'air.

Prononce « **fff** »
en **passant**
tes deux doigts sur *f*,
puis en
le **traçant**
en l'air.

Nomme chaque image,
tu entends le son « **ppp** ».

Nomme chaque image,
tu entends le son « **fff** ».

Le jeu des sons

Pioche les cartes-images
bordées de fuchsia,
nomme-les,
puis **place-les**
sous le son « **ppp** »
ou le son « **fff** » entendu.

Lis à voix haute chaque son.

f p f a f
p o f p f i f
p m f c a s

Info parents > Les mots à nommer sont : poule – lampe – toupie – girafe – feu – affiche

« nnn », « ééé »

nuit – étoiles

Je vois **n** — J'entends « nnn »

Je vois **é** — J'entends « ééé »

Passe tes deux doigts sur n
en prononçant **« nnn »**,
puis **trace** n en l'air
en prononçant **« nnn »**.

Prononce **« ééé »**
en **passant tes deux doigts** sur é,
puis en le **traçant** en l'air.

Pour l'accent, pars du haut et descends vers la gauche.

Nomme chaque image,
tu entends le son **« nnn »**.

Nomme chaque image,
tu entends le son **« ééé »**.

Le jeu des sons

Pioche les cartes-images
bordées de marron,
nomme-les,
puis **place-les**
sous le son **« nnn »**
ou le son **« ééé »** entendu.

Lis à voix haute chaque son.

n n é a n a
é é n c n r
é s b o v a t

Info parents > Les mots à nommer sont : niche – âne – lune – étoile – vélo – fée

Le jour du test

Révision des lettres et de leur son.

Trace les lettres en l'air en prononçant leur son.

e l r a b s i

n d v t u

m é f c o p

Révision des sons.

Dis le son de chaque lettre écrit entre les guillemets,
puis **trouve un mot** où tu entends le son.

« eee »	« lll »	« rrr »	« aaa »
« sss »	« iii »	« nnn »	« ppp »
« ttt »	« uuu »	« mmm »	« ééé »
« bbb »	« ccc »	« ooo »	« ddd »
« vvv »	« fff »		

Les défis lecture

Trouve des mots qui finissent par le même son.

Pioche les cartes-images du jeu des sons marquées d'un point en haut à gauche.

- **Dispose-les sur la table**.
- **Prends-en une** et **nomme-la** en faisant attention au son que tu entends à la fin du mot.
- **Trouve les autres images** qui finissent par le même son.

Trouve la bonne lettre qui correspond au son dans le mot.

Nomme chaque image, puis **pose ton doigt** sur le son que tu entends.
Il peut être au début, au milieu ou à la fin du mot.

p t

f v

p b

m n

p b

v t

t d

t d

m n

Répète les phrases trois fois de suite en articulant.

Tes laitues naissent-elles ?
Si tes laitues naissent, mes laitues naîtront.

Étape 2

mes premiers mots

« lll », « kkk », « ooo », « aaa », « sss », « rrr », « bbb »

Nomme chaque image et écoute bien tous les sons.

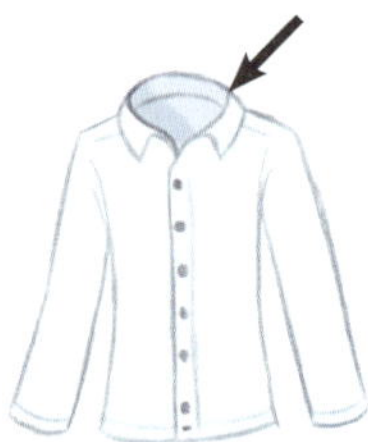

Dans cette image, trouve des mots avec les sons de la page.

Construis une histoire avec les mots trouvés à gauche et représente-toi une image dans ta tête.

Info parents > Exemple d'histoire
*Au bord du **lac**, un **bol** et un **sac** sont posés à côté d'un **as**. Un **col** rouge est dessiné sur le **bol**. Le **sac** contient un **os**.*

Construis chacun de ces mots à côté de ton livre, avec les lettres mobiles.

1. Prends la carte-image.
2. Répète plusieurs fois le mot en écoutant le son de chaque lettre.
3. Prends les lettres mobiles correspondantes en les plaçant dans l'ordre des sons entendus.

Exemple :

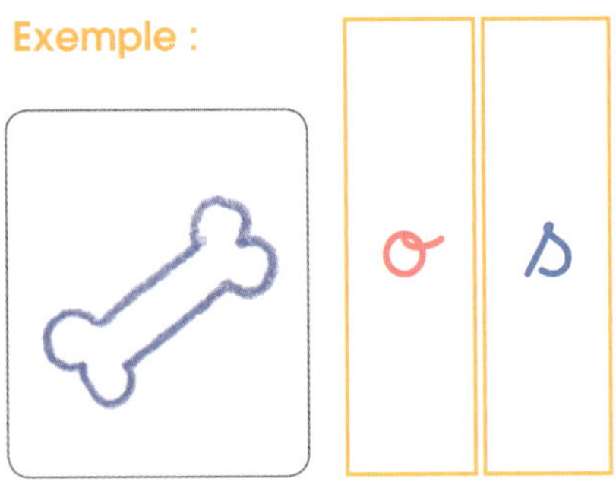

Ferme les yeux. Te souviens-tu de tous les mots ?

« nnn », « ddd », « mmm », « fff », « iii », « vvv »

Nomme chaque image et écoute bien tous les sons.

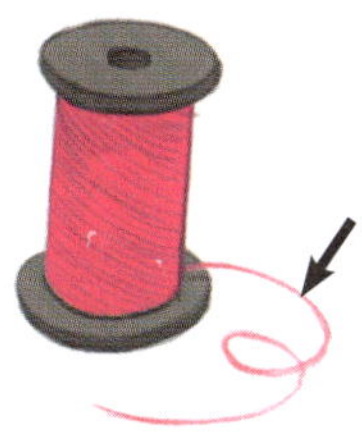

Construis une histoire avec ces mots et représente-toi une image dans ta tête.

Info parents > Exemple d'histoire
*Le **lama** fait de la **moto** sur un **fil**. La **vis** et le **domino** coule dans le **lavabo**.*

Construis chacun de ces mots à côté de ton livre, avec les lettres mobiles.

1. Prends la carte-image.
2. Répète plusieurs fois le mot en écoutant le son de chaque lettre.
3. Prends les lettres mobiles correspondantes en les plaçant dans l'ordre des sons entendus.

Exemple :

l	a	m	a

Ferme les yeux. Te souviens-tu de tous les mots ?

« uuu », « ééé »

Nomme chaque image et écoute bien tous les sons.

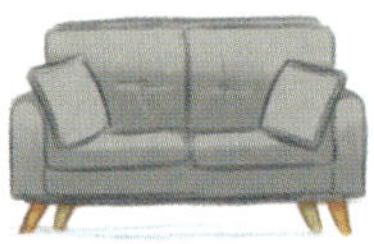

Construis une histoire avec ces mots et représente-toi une image dans ta tête.

Info parents > Exemple d'histoire
*Le **bébé** en **tutu** joue sur le **canapé** et maman boit du **café**.*
*Le **bus** passe devant le **mur**.*

Construis chacun de ces mots à côté de ton livre, avec les lettres mobiles.

1. Prends la carte-image.
2. Répète plusieurs fois le mot en écoutant le son de chaque lettre.
3. Prends les lettres mobiles correspondantes en les plaçant dans l'ordre des sons entendus.

Exemple :

b	é	b	é

Ferme les yeux. Te souviens-tu de tous les mots ?

le e final muet – 1er jour

Le e qui fait chanter la dernière consonne

À la fin de certains mots, il faut placer un **e** pour bien faire chanter la dernière consonne.

Exemple : port + **e** = port**e**

Nomme chaque image et écoute bien tous les sons.

 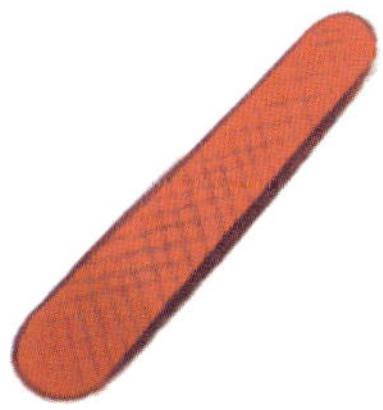 

Construis une histoire avec ces mots et représente-toi une image dans ta tête.

Construis chacun de ces mots à côté de ton livre, avec les lettres mobiles.

Ferme les yeux. Te souviens-tu de tous les mots ?

Lis les sons de chaque groupe de lettres.

ép us al or ul ac ic od if ob ur

ao oa ac ad ar ab af ir ap up

Info parents > Les mots à nommer sont : cube – lime – lune – pipe – dame – robe

le e final muet – 2e jour

Nomme chaque image et écoute bien tous les sons.

Construis une histoire avec ces mots et représente-toi une image dans ta tête.

Construis chacun de ces mots à côté de ton livre, avec les lettres mobiles.

Ferme les yeux. Te souviens-tu de tous les mots ?

Lis les sons de chaque groupe de lettres.

ub ia ao iu us or ib éd

is ul ic if ép it io éa uo

Info parents > Les mots à nommer sont : bobine – navire – carafe – pile – banane – école

le e entre deux consonnes

Aujourd'hui tu entends le son « èèè » que tu écris avec la lettre **e**.
Exemple : av**e**c

Nomme chaque image et écoute bien tous les sons.

Construis une histoire avec ces mots et représente-toi une image dans ta tête.

Ferme les yeux. Te souviens-tu de tous les mots ?

Construis chacun de ces mots à côté de ton livre, avec les lettres mobiles.

Lis les sons de chaque groupe de lettres.

oa ao ic od ob of éof ot ib

ia éas is éos ia ui il éac

Info parents > Les mots à nommer sont : ver – mer – sel – ferme – perle – bec

2 consonnes à la suite – 1er jour

Nomme chaque image et écoute bien tous les sons.

Construis une histoire avec ces mots et représente-toi une image dans ta tête.

Construis chacun de ces mots à côté de ton livre, avec les lettres mobiles.

Ferme les yeux. Te souviens-tu de tous les mots ?

Lis les sons de chaque groupe de lettres.

br cr fr or pr tr ul bl

as oss us is il uo uc ab

Info parents > Les mots à nommer sont : arbre – clé – parc – établi – blé – sable.

2 consonnes à la suite – 2e jour

Nomme chaque image et écoute bien les sons.

Construis une histoire avec ces mots et représente-toi une image dans ta tête.

Construis chacun de ces mots à côté de ton livre, avec les lettres mobiles.

Ferme les yeux.
Te souviens-tu
de tous les mots ?

Lis les sons de chaque groupe de lettres.

vr pl bl fr ap ub is ot

cr ud tr os as if il épi

Info parents > Les mots à nommer sont : table – frite – livre – corde – plume – carte

le e final muet – 3e jour

Nomme chaque image et écoute bien tous les sons.

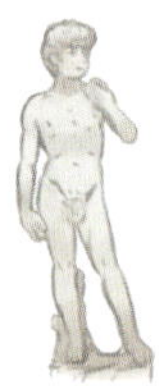

Construis une histoire avec ces mots et représente-toi une image dans ta tête.

Construis chacun de ces mots à côté de ton livre, avec les lettres mobiles.

Ferme les yeux. Te souviens-tu de tous les mots ?

Lis les sons de chaque groupe de lettres, puis les vrais **premiers mots**.

la as os él or ut tr us ab

sac sol vélo loto papi mie

Info parents > Les mots à nommer sont : pie – rue – statue – pluie – tortue - mie

Le jour du test

Révision des sons.

Prononce à voix haute chaque son.

fl	fr	pr	pl	vr	sp
cr	cl	dr	bl	br	tr

Révision des sons et des mots.

Dis un mot où tu entends le son.

« fl »	« fr »	« pr »	« pl »
« vr »	« sp »	« cr »	« cl »
« dr »	« bl »	« br »	« tr »

Révision de la lecture.

Lis à voix haute les sons, les « drôles de mots » et les mots.

ma ul ré ubo ad mu fu ovi

caruni méfila punarova

déluco moto mur lama

rue plume dé mer

Les défis lecture

Cherche l'intrus.

À chaque ligne, trouve le mot qui ne finit pas par le même son que les autres.

 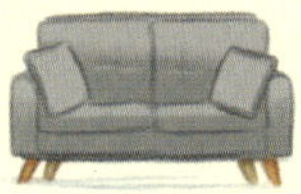  

Les consonnes et les voyelles.

Trouve les consonnes ou les voyelles comme indiqué.

Rapelle-toi, les **voyelles** dans les lettres mobiles sont écrites en rose : **a, e, i, o, u, y**.

Les autres lettres, les **consonnes**, sont écrites en bleu.

voyelles	 arbre	 avion	 banane
consonnes	 bol	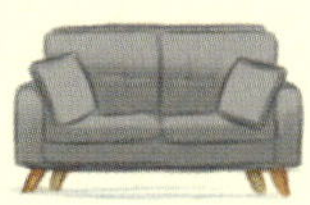 canapé	 perle

Répète les phrases en articulant trois fois de suite.

Le réveil sonne, sonne.

Qui sourit ? Qui sursaute ?

Étape 3

mes premiers sons complexes

« èèè »

Dans cette image, trouve des mots avec le son de la page.

Je vois : è

J'entends : « èèè »

Prononce « èèè » en passant tes deux doigts sur è, puis en le **traçant** en l'air.

Pour l'accent, pars du haut et descends vers la droite.

Construis une histoire avec ces mots et représente-toi une image dans ta tête.

1 

2 

3 

4 

5 

6 

Construis chaque mot à côté de ton livre, avec les lettres mobiles. **Vérifie** avec les cartes-mots lorsque tu as construit les six mots.

Ferme les yeux. Te souviens-tu de tous les mots ?

Lis les sons, puis les « drôles de mots ».

ac èc èp pré af ar ul èv

poda capa salè nèla némi nabé

Info parents > Les mots à trouver sont : vipère – lèvre – trèfle – comète – sirène – mère.

« ch »

Je vois *ch*

J'entends « ch »

Passe tes deux doigts sur la lettre *h*. Puis **trace** la lettre en l'air.

On n'entend pas la lettre **h** quand elle est seule. Mais associée au **c**, **c+h** = « **ch** ».

Construis une histoire avec ces mots et représente-toi une image dans ta tête.

1  2  3  4  5  6 

Construis chaque mot à côté de ton livre, avec les lettres mobiles. **Vérifie** avec les cartes-mots lorsque tu as construit les six mots.

Ferme les yeux. Te souviens-tu de tous les mots ?

Lis les sons puis les « drôles de mots ».

ic ch dr ap èch éog ug och tr

ravo polé nétè dèmilo éodach

Info parents > Les mots à trouver sont : cheval – cloche – vache – chèvre – char – machine.

« ggg » dur

Je vois *g*

J'entends « ggg »

Construis une histoire avec ces mots et représente-toi une image dans ta tête.

1 

2 

3 

4 

5 

6 

Passe tes deux doigts sur la lettre *g*. Puis **trace** la lettre en l'air.

g

Construis chaque mot à côté de ton livre, avec les lettres mobiles. **Vérifie** avec les cartes-mots lorsque tu as construit les six mots.

Ferme les yeux. Te souviens-tu de tous les mots ?

Lis les sons, puis les « drôles de mots ».

ag ig èch fl éog ug och gr

galedé vito éogach dèmilo godadu

Info parents > Les mots à trouver sont : gare – gril – pagode – tigre – légumes – ogre.

« ou » – 1er jour

Je vois **ou**

J'entends « ou »

Construis une histoire avec ces mots
et représente-toi une image dans ta tête.

1 
2 
3 
4 
5 
6 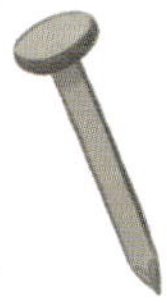

Construis chaque mot à côté de ton livre, avec les lettres mobiles.
Vérifie avec les cartes-mots lorsque tu as construit les six mots.

Ferme les yeux. Te souviens-tu
de tous les mots ?

Lis les sons, les « drôles de mots », puis les mots.

oué ouf ag ig oub bét ous ouc

broum oudoug oupoura ourouti patouro

trou tour clou amour fourmi matou

Info parents > Les mots à trouver sont : caribou – loupe – cagoule – bouche – chou – clou

« ou » – 2e jour

Je vois ou

J'entends « ou »

Construis une histoire avec ces mots et représente-toi une image dans ta tête.

1 

2 

3 

4 

5 

6 

Construis chaque mot à côté de ton livre, avec les lettres mobiles. **Vérifie** avec les cartes-mots lorsque tu as construit les six mots.

Ferme les yeux. Te souviens-tu de tous les mots ?

Lis les « drôles de mots », puis les mots.

gapoufi chèfiru pularouga dèluchou

loutre chou pou cou route foule

soupe moule il coupe il roule la poule

Info parents > Les mots à trouver sont : soucoupe – boucle – babouche – moustache – ours – fourmi

« on »

Je vois **on**

J'entends « on »

Construis une histoire avec ces mots
et représente-toi une image dans ta tête.

1 

2 

3 

4 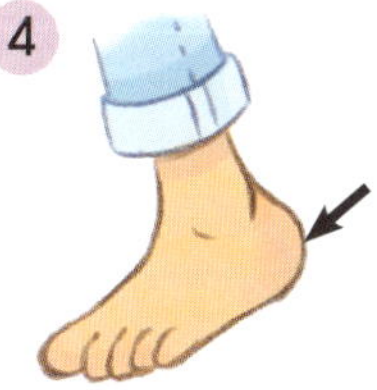

5 

6 

Construis chaque mot à côté de ton livre, avec les lettres mobiles. **Vérifie** avec les cartes-mots lorsque tu as construit les six mots.

Ferme les yeux. Te souviens-tu de tous les mots ?

Lis les « drôles de mots », puis les mots.

trasonga mouripa prémopu aronchi

balcon montre biberon cornichon bonbon

monstre ronde monde coton cochon chaton

« eu »

Dans cette image, trouve des mots avec le son de la page.

Je vois : eu

J'entends : « eu »

eu peut se prononcer **eu fermé** comme dans bl**eu** ou **ouvert** comme dans fact**eu**r.

Construis une histoire avec ces mots et représente-toi une image dans ta tête.

1 

2 

3 

4 

5 9

6 

Construis chaque mot à côté de ton livre, avec les lettres mobiles. **Vérifie** avec les cartes-mots lorsque tu as construit les six mots.

Ferme les yeux. Te souviens-tu de tous les mots ?

Lis les « drôles de mots », puis les mots.

frochon feupra gouvre pètrouli glamileur

peur ordinateur cheveu aveu ramoneur

odeur neveu jeu sécateur jeudi chaleur

Info parents > Les mots utilisés dans la page sont : bleu – feu – pneu – docteur – neuf – fleur

Le jour du test

Révision des sons.

Prononce à voix haute chaque son.

è on ch ou g eu

Révision de la lecture.

Lis à voix haute les sons, les « drôles de mots », puis les mots.

oué ouf ag ig oub bét ous ouc

gapoufi chèfiru pularouga dèluchou

école ami chut découpe étoile ouvre

cheval matou chèvre tomate fleuve

Construction de mots.

Replace dans l'ordre les parties de mots pour former des mots, puis **écris-les**.

mi	a	
gu	lé	me
mi	no	do

Les défis lecture

Nomme chaque image, puis **pose ton doigt** sur le son que tu entends.

f
p
a

ou
t
on

i
g
l

on
o
v

b
u
d

l
ch
f

Compte le nombre de fois où chaque mot est écrit.

neuf

feu

cheval

dragon

tour

clé

livre

tour

cheval

chou

dragon

cheval

tour

chou

feu

gril

feu

feu

dragon

tour

clé

dragon

cheval

tour : __________ cheval : __________ chou : __________ feu : __________

Étape 4

mes premières phrases

« an »

Je vois *an*

J'entends « an »

Dans cette image, trouve des mots avec le son de la page.

Construis une histoire avec ces mots et représente-toi une image dans ta tête.

1 

2 

3 

4 

5 

6 

Construis chaque mot à côté de ton livre, avec les lettres mobiles.
Vérifie avec les cartes-mots lorsque tu as construit les six mots.

Ferme les yeux. Te souviens-tu de tous les mots ?

Chut ! Devine

Lis dans ta tête. Mime les phrases.
Fais deviner à quelqu'un ce que tu as lu.

tape sur la table

tape le sol

touche ta manche

le - la - un - une sont des petits mots placés devant le mot qui nomme une personne, un animal, une chose.

Info parents > Les mots à nommer sont : maman – ruban – ancre – panda – branche – amande

« in »

Je vois

in

J'entends

« in »

Construis une histoire avec ces mots
et représente-toi une image dans ta tête.

1 

2 

3 

4 

5 

6 

Construis chaque mot à côté de ton livre,
avec les lettres mobiles.
Vérifie avec les cartes-mots lorsque
tu as construit les six mots.

Ferme les yeux. Te souviens-tu
de tous les mots ?

Chut !
Devine

Lis dans ta tête. **Mime** les phrases.
Fais deviner à quelqu'un ce que tu as lu.

porte le livre

imite le lapin

regarde par la fenêtre

« oi »

Je vois — *oi*

J'entends — « oi »

Construis une histoire avec ces mots
et représente-toi une image dans ta tête.

1 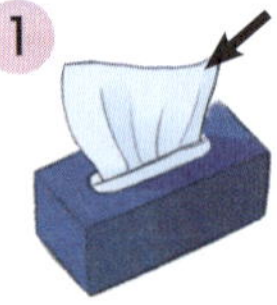

2 

3 

4 

5 

6 

Construis chaque mot à côté de ton livre,
avec les lettres mobiles.
Vérifie avec les cartes-mots lorsque
tu as construit les six mots.

Ferme les yeux. Te souviens-tu
de tous les mots ?

Chut !
Devine

Lis dans ta tête. Mime les phrases.
Fais deviner à quelqu'un ce que tu as lu.

remue la table

va dans le couloir

cache la règle

Info parents > Les mots à nommer sont : mouchoir – voiture – étoile – noir – roi – toiture

« ge », « gi »

Je vois **ge** J'entends « jjj » « eee »

Je vois **gi** J'entends « jjj » « iii »

Construis une histoire avec ces mots et représente-toi une image dans ta tête.

1 

2 

3 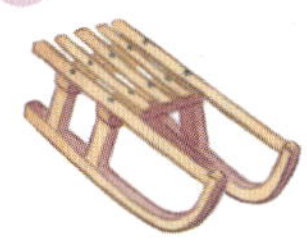

4 

5 

6 

Construis chaque mot à côté de ton livre, avec les lettres mobiles. **Vérifie** avec les cartes-mots lorsque tu as construit les six mots.

Chut ! Devine

Lis dans ta tête. Mime les phrases.
Fais deviner à quelqu'un ce que tu as lu.

ouvre la bouche

range ton cartable

touche ta narine

Info parents > Les mots à nommer sont : *girafe – garage – luge – singe – mage – orage*

« au », « jjj »

Je vois *au* — J'entends « ooo »

Je vois *j* — J'entends « jjj »

Passe tes deux doigts sur la lettre *j*. Puis **trace** la lettre en l'air.

Construis chaque mot à côté de ton livre, avec les lettres mobiles. **Vérifie** avec les cartes-mots lorsque tu as construit les six mots.

1 

2 

3 

4 

5 

6 

Chut ! Devine

Lis dans ta tête. Mime les phrases. Fais deviner à quelqu'un ce que tu as lu.

bouge ton épaule

montre du jaune

touche l'angle d'une table

Info parents > Les mots à nommer sont : journal – donjon – jupe – autruche – jaune – landau

« ce », « ci »

Je vois *ce* J'entends « SSS »

Je vois *ci* J'entends « SSS » « iii »

Construis une histoire avec ces mots et représente-toi une image dans ta tête.

1 

2 

3 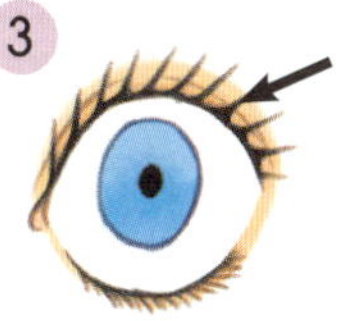

4 

5 

6 

Construis chaque mot à côté de ton livre, avec les lettres mobiles. **Vérifie** avec les cartes-mots lorsque tu as construit les six mots.

Ferme les yeux. Te souviens-tu de tous les mots ?

Chut ! Devine

Lis dans ta tête. Mime les phrases.
Fais deviner à quelqu'un ce que tu as lu.

trace un cercle

montre-moi ton pouce

apporte-moi un livre

Info parents > Les mots à nommer sont : citron – cigale – cil – source – puce – lance

« que », « qui »

Je vois *que* J'entends « kkk »

Je vois *qui* J'entends « kkk » « iii »

Passe tes deux doigts sur la lettre q.
Puis **trace** la lettre en l'air.

Construis chaque mot à côté de ton livre, avec les lettres mobiles.
Vérifie avec les cartes-mots lorsque tu as construit les six mots.

1 
2 
3 
4 
5 
6 

Chut ! Devine

Lis dans ta tête. Mime les phrases.
Fais deviner à quelqu'un ce que tu as lu.

tire la table

regarde une page du livre

Info parents > Les mots à nommer sont : orque – casque – nuque – requin – toque – quiche

« ai »

Je vois **ai**

J'entends « èèè »

Construis une histoire avec ces mots
et représente-toi une image dans ta tête.

1 

2 

3 

4 

5 

6 

Construis chaque mot à côté de ton livre,
avec les lettres mobiles.
Vérifie avec les cartes-mots lorsque
tu as construit les six mots.

Ferme les yeux. Te souviens-tu de tous les mots ? Et si tu les écrivais sur un cahier, de mémoire, sans regarder ?

Chut !
Devine

Lis dans ta tête. Mime les phrases.
Fais deviner à quelqu'un ce que tu as lu.

ferme la porte

frotte ta joue

Info parents > Les mots à nommer sont : capitaine – aigle – maire – éclair – graine – laine

« ill »

Je vois

ill

J'entends

« ill »

Construis une histoire avec ces mots
et représente-toi une image dans ta tête.

1 

2 

3 

4 

5 

6 

Construis chaque mot à côté de ton livre,
avec les lettres mobiles.
Vérifie avec les cartes-mots lorsque
tu as construit les six mots.

Ferme les yeux. Te souviens-tu de tous les mots ? Et si tu les écrivais sur un cahier, de mémoire, sans regarder ?

Chut !
Devine

Lis dans ta tête. Mime les phrases.
Fais deviner à quelqu'un ce que tu as lu.

vide ta poche

parle-moi à l'oreille

place le livre sur la table

chante ce que tu aimes

Info parents > Les mots à nommer sont : bouteille – oreille – feuille – médaille – grenouille – quille

Le jour du test

Révision des sons.

Prononce à voix haute chaque son.

an	oi	que	j	in	ge
qui	d	dr	bl	br	tr

Révision de la lecture.

Lis à voix haute les « drôles de mots », les vrais mots, puis les phrases.

autadi bupanoi dibopu

safito tanoto cétaci

tarométo sétaci la lecture

ermite veste céréale fille

une puce a sauté sur minou

l'aigle vole autour de la cime du sapin

Les défis lecture

Trier les cartes-images.

Prends les cartes-images suivantes et place-les sur la table.

   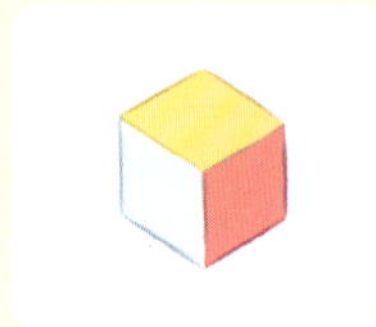 

Prononce les mots des cartes-images.

Mets ensemble les cartes qui commencent par le même son.

Devine dans chacune des phrases le mot qui manque.

La  *va au pré.*

La  *mange la feuille de l'arbre.*

La  *porte le* *.*

Chasser l'intrus.

Parmi les quatre mots sur chaque ligne, **trouve le mot** qui ne commence pas comme les autres.

Étape 5

mes nouveaux sons complexes

« zzz » écrits

Je vois — *s*

J'entends — « ZZZ »

Entre deux voyelles, la lettre **s** se prononce **« zzz »**.

Dans cette image, trouve des mots avec le son de la page.

Écris chaque mot les uns sous les autres, sur un cahier.
À partir de maintenant, tu n'utilises plus les lettres mobiles.
Vérifie avec les cartes-mots lorsque tu as écrit les 6 mots.

1 
2 
3 
4 
5 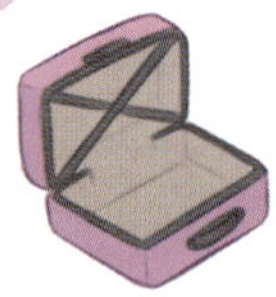
6 

Lis les mots, puis les phrases.

une punaise — le blouson — une chose — une bise

une télévision — une cerise — un vase — une poésie

La cuisinière prépare le repas. Elle pose le plat sur la table.

Ma tante tond la pelouse.

Léa regarde une rose.

Je mange du raisin, Bob mange une poire.

Info parents > Les mots utilisés dans la page sont : vase – usine – maison – case – valise – rasoir

« ooo » *écrit* eau

Je vois **eau** J'entends « ooo »

> **et** est un petit mot qui unit deux mots
> ou deux groupes de mots.
> *Exemple* : l'épi **et** le vase.

Écris chaque mot les uns sous les autres, sur un cahier.
Vérifie avec les cartes-mots lorsque tu as écrit les 6 mots.

1 
2 
3 
4 
5 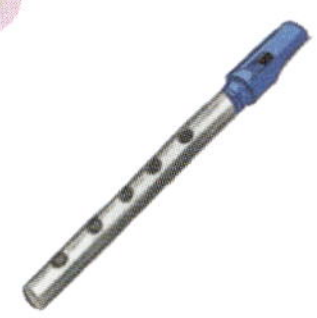
6 

Lis les mots, puis les phrases.

le seau la peau l'épaule le plumeau
le rouleau le marteau le radeau le chapeau
Le matin, je pars à l'école avec mon cartable.
Léa aime la confiture de fraise et de poire.
Il pleut et Réda porte un ciré.
Je ne danse pas comme toi !

Info parents > Les mots utilisés dans la page sont : oiseau – drapeau – bateau – eau – pipeau – rideau

« gn »

Je vois *gn*

J'entends « gn »

Écris chaque mot les uns sous les autres, sur un cahier. **Vérifie** avec les cartes-mots lorsque tu as écrit les 6 mots.

1 

2 

3 

4 

5 

6 

Lis les mots, puis les phrases.

des lignes

un signal

une cigogne

les baigneurs

Il grogne Il soigne la vigne

Maman soigne Tim car il a une otite.

Une voiture s'éloigne et pénètre dans les bois.

Mia range ses cartes avec plaisir.

Je vois des cigognes sur le toit de la maison et un nid.

On place **les** ou **des** devant un nom pour indiquer qu'il y a plusieurs personnes, animaux ou choses. À la fin du nom on écrit la lettre **« s »** qui ne se prononce pas quand on lit.
Exemples : les bol**s**, des ami**s**, mes cousin**s**, tes robe**s**, ses livre**s**.

Info parents > Les mots utilisés dans la page sont : chignon – pagne – signature – montagne – agneau – trognon

« fff » *écrit* ph

Je vois *ph* J'entends « fff »

Écris chaque mot les uns sous les autres, sur un cahier. **Vérifie** avec les cartes-mots lorsque tu as écrit les 6 mots.

1 

2 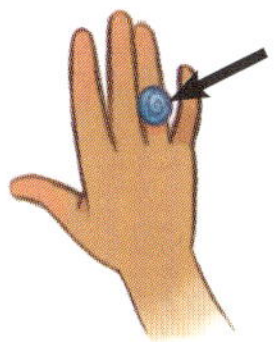

3 

4 

5 

6 

Lis les mots, puis les phrases.

est indique l'état dans lequel se trouve une personne ou une chose.
Exemples : La confiture **est** sur la table.
Mon ami **est** sorti.

mes photos
le téléphone
un nénuphar
des phrases   le téléphérique   la pharmacie
un éléphanteau
Téo est l'ami de Selma.
Il est allé au cinéma avec Tim.
Lou est dans le salon.
Le frère de Réda monte dans le métro.
La nuit est noire, la lumière du phare indique son chemin au bateau.

Info parents > Les mots utilisés dans la page sont : photographe – saphir – dauphin – phoque – pharaon – phare

« kkk » *écrit* k

Je vois

k

J'entends

« kkk »

Passe tes deux doigts sur la lettre *k*. Puis **trace** la lettre en l'air.

Écris chaque mot les uns sous les autres, sur un cahier. **Vérifie** avec les cartes-mots lorsque tu as écrit les 6 mots.

1 

2 

3 

4 

5 

6 

Lis les mots, puis les phrases.

un tank le karaté un koala le kaki

un kart un kangourou un kilo

En Australie, on peut voir des kangourous.

Ils sautent bien !

Fatou et Léa pratiquent le judo, elles portent un kimono. Ana a acheté un kilo de poires.

Info parents > Les mots utilisés dans la page sont : tank – kilt – anorak – ski – kimono – képi

« iii » écrit y

Je vois y

J'entends « iii »

Écris chaque mot les uns sous les autres, sur un cahier. **Vérifie** avec les cartes-mots lorsque tu as écrit les 6 mots.

1 

2 

3 

4 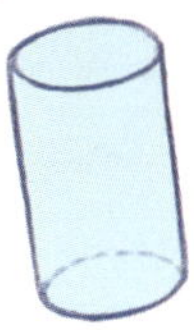

5 

6 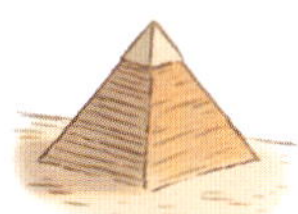

Passe tes deux doigts sur la lettre y. Puis **trace la lettre** en l'air.

Ferme les yeux. Te souviens-tu de tous les mots ? Et si tu les écrivais de mémoire, sans regarder ?

Lis les mots, puis les phrases.

un cyclope un cycliste un cyclone

Mon livre a disparu : où ? Mystère !

Samir n'a pas vu les pyramides d'Égypte.

Mina aime faire du ski.

Léa n'oublie pas ses livres.

Info parents > Les mots utilisés dans la page sont : tricycle – stylo – pyjama – cylindre – cygne – pyramide

LE JOUR DU

y à la place de i + i

Je vois *y*

J'entends « ai + i »

J'entends « oi + i »

J'entends « ui + i »

Parfois, le **y** remplace **2 i** :
balai-ieur = bala**y**eur
boi-iau = bo**y**au
brui-ière = bru**y**ère

Écris chaque mot les uns sous les autres, sur un cahier.
Vérifie avec les cartes-mots lorsque tu as écrit les 6 mots.

1 

2 

3 

4 

5 

6 

Lis les mots, puis les phrases.

le rayon   le pays   le boyau   le voyage

Maman achète des fruits et du fromage au rayon du grand magasin.

Ce paysan cultive des légumes que l'écuyère achètera au marché.

Info parents > Les mots utilisés dans la page sont : paysan – noyau – gruyère – tuyau – rayure – crayon

« xxx » *écrit* x, « oui » *écrit* wi, « zzz » *écrit* z

Je vois x — J'entends « xxx »

Je vois wi — J'entends « oui »

Je vois z — J'entends « zzz »

Passe tes deux doigts sur les nouvelles lettres, x, w et z.

Puis **trace-les** en l'air.

x w z

Écris chaque mot les uns sous les autres, sur un cahier.

Vérifie avec les cartes-mots lorsque tu as écrit les 6 mots.

1 

2 

3 

4 

5 

6 

Lis les mots, puis les phrases.

le gaz du gazon un zèbre onze douze

le zéro un bazar quatorze quinze

l'index un sandwich un awalé fixe

Tim explique à Noé. Fatou lit un texte.

Info parents > Les mots utilisés dans la page sont : index – zigzag – zébu – mixeur – boxe – taxi

« sssion » *écrit* tion, « sssia » *écrit* tia

tion — Je vois — « sssion » — J'entends

tia — Je vois — « sssia » — J'entends

Écris chaque mot les uns sous les autres, sur un cahier.
Vérifie avec les cartes-mots lorsque tu as écrit les 6 mots.

1 maman

2 

3 

4 

5 

6 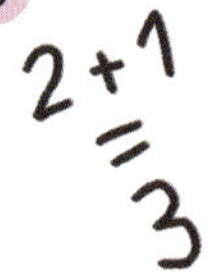

Lis les mots, puis les phrases.

la station une situation une habitation
la respiration l'agitation la position

Léa prend des précautions pour ne pas salir sa jupe.
Papi a pris le bus à la station.
Maman me donne l'autorisation de sortir dans le jardin et je vais voir les poules.

Info parents > Les mots utilisés dans la page sont : initiale – aviation – natation – direction – partition – opération

h aspiré

Je vois

h

Je ne l'entends pas.

« … »

On n'entend pas la lettre « h » quand elle est seule !
Si on dit « le » ou « la » avant le mot,
cette lettre est un **h** aspiré.
Exemples : le **h**amac, la **h**ache

Écris chaque mot les uns sous les autres, sur un cahier.
Vérifie avec les cartes-mots lorsque tu as écrit les 6 mots.

1 
2 
3 
4 
5 
6 8

Ferme les yeux. Te souviens-tu de tous les mots ? Et si tu les écrivais de mémoire, sans regarder ?

Lis les mots, puis les phrases.

huche hamac huit le hérisson la harpe
un hameau le héron une haie
Ce mur est d'une grande hauteur !
Je protège les hérissons de mon jardin.
Mon frère coupe du bois avec une hache.

Info parents > Les mots utilisés dans la page sont : hache – hamster – hibou – hanche – harpon – huit

h muet

Je vois *h*

Je ne l'entends pas. « … »

On n'entend pas la lettre « h » quand elle est seule !
Si l'on dit « l' » avant le mot, cette lettre est un **h** muet.
Exemples : l'**h**abitude, l'**h**armonica

Écris chaque mot les uns sous les autres, sur un cahier.
Vérifie avec les cartes-mots lorsque tu as écrit les 6 mots.

1 

2 

3 

4 

5 

6 

Lis les mots, puis les phrases.

l'heure l'herbe une habitude l'humeur
heureux une histoire l'homme

Quand Alice joue de l'harmonica,
elle est heureuse !
Léo a vu un hélicoptère dans le ciel au-dessus
de son village.
L'hippopotame se baigne dans le fleuve.

Info parents > Les mots utilisés dans la page sont : hippopotame – horloge – horizon – hélicoptère – hiver – huile

Le jour du test

Révision des sons.

Prononce à voix haute chaque son.

« eau »	« tion »	« gn »	« k »	« tia »
« en »	« ph »	« x »	« z »	

Révision de lecture.

Lis à voix haute les phrases.

Une sphère est une boule toute ronde.

Attention, ne te brûle pas avec l'eau chaude !

Téo et Mia vont au zoo avec Mamie.

Ils voient un zèbre et un wapiti.

Je montre la route avec mon index.

Le maître explique le texte.

Devinettes.

- **Cherche** le nom d'un animal où l'on entend le son « zzz » écrit **z**.

Il a des rayures. C'est le…

- **Change** le **p** de poule et **trouve** quatre mots nouveaux.

Lettre obligatoire.

Parmi les lettres mobiles **tire au sort** une lettre.

Tu dois trouver rapidement un mot qui contient cette lettre.

Réponses > zèbre / coule – boule – moule – foule

Les défis lecture

Trouve le mot qui se cache quand tu enlèves le premier son de chaque mot.
Tu peux **dessiner** sur une feuille les mots qui restent.

Exemples : Quand je vois , j'enlève le son « bbb »,
il reste « **œuf** » (=> je dessine un **œuf**).

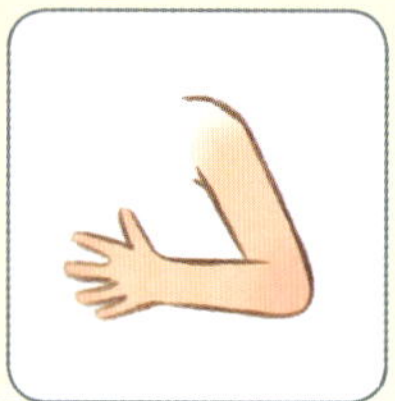

Trouve un nouveau mot avec les mêmes lettres.
Prends les lettres mobiles des mots ci-dessous, mélange-les et tu trouveras d'autres mots.
Exemple : En mélangeant les lettres de **chien**, je fais les mots **niche** ou **chine**.

ami

crier

coupe

art

course

dire

Regarde l'illustration et imagine la suite.
Les enfants montent dans le car.
Que vont-ils faire après ?
Où se déroule l'histoire ?
Peux-tu inventer une fin à l'histoire ?

Réponses > 1. rat, œil, rond, aigle, âne, homme, anneau. 2. ami = mai / art = rat / crier = cirer / course = source, cœurs / coupe = pouce / dire = ride

« kkk » *écrit* ch, « omm » *écrit* um

Je vois *ch* — J'entends « kkk »

Je vois *um* — J'entends « omm »

Écris chaque mot les uns sous les autres, sur un cahier.
Vérifie avec les cartes-mots lorsque tu as écrit les 6 mots.

1 

2 

3 

4 

5 

6 

Lis les mots, puis les phrases.

le minimum   un géranium   le varech   l'écho
Ana a planté un géranium sur le balcon.
Maman a mis trois gouttes de rhum dans la pâte à crêpes.

Défi mémoire

(voir la règle du jeu page 10)

Te souviens-tu des mots ?
Et si tu jouais au **Charivari des lettres** ?

Info parents > Les mots utilisés dans la page sont : orchidée – chorale – orchestre – album – arum – aquarium

« ien »

Je vois *ien*

J'entends « ien »

Écris chaque mot les uns sous les autres, sur un cahier.
Vérifie avec les cartes-mots lorsque tu as écrit les 6 mots.

1 
2 
3 
4 
5 
6 

Lis les mots, puis les phrases.

le mien   le sien   bien   rien   parisien

Basil a vu son ami, j'ai quitté le mien.

Je viendrai te voir ce soir.

Tu as vu un film sur la vie des indiens.

Défi mémoire

Te souviens-tu des mots ?
Et si tu jouais au **Charivari des lettres** ?

Devinettes

- Agrume ou couleur, je suis une …
- Je roule, je rebondis, je suis un …
- Je crache du feu, je suis un …

Info parents > Les mots utilisés dans la page sont : chien – gardien – lien – musicien – indien – magicien. Devinettes : orange / ballon / volcan ou dragon

« gue », « gui »

Dans cette image, trouve des mots avec les sons de la page.

Je vois **gue** — J'entends « ggg »

Je vois **gui** — J'entends « ggg »

Lorsqu'on écrit **g** devant **e** et **i**, on entend **« jjj »**.
Exemples : **g**enou, **g**irafe
Si on veut entendre **« ggg »** devant **e** et **i**,
il faut ajouter la lettre **u** juste après le **g**.
Exemples : al**gu**e, **gu**ide

Écris chaque mot les uns sous les autres, sur un cahier.
Vérifie avec les cartes-mots lorsque tu as écrit les 6 mots.

1 

2 

3 

4 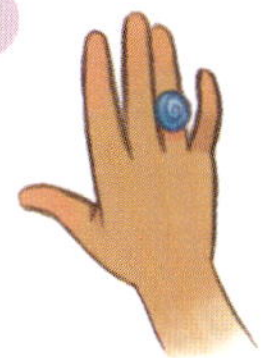

5 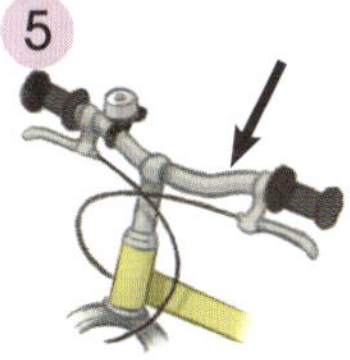

6 

Lis les mots, puis les phrases.

une figue   une marguerite   les guirlandes
l'orgue   du gui   des algues   un guide
Samir joue de l'orgue et Léo joue du piano.
Tim se déguise en prince.
Le gui pousse sur les arbres.

Info parents > Les mots utilisés dans la page sont : langue – vague – guignol – bague – guidon – guitare

« gea » , « geo »

Je vois **gea** J'entends « jjja »

Je vois **geo** J'entends « jjjo »

Lorsqu'on écrit **g** devant **a** et **o**, on entend **« ggg »**.
Exemples : **g**are, **g**omme
Si on veut entendre **« jjj »** devant **a** et **o**, il faut ajouter la lettre **e** après le **g**.
Exemples : na**ge**oire, diri**ge**able

Écris chaque mot les uns sous les autres, sur un cahier. **Vérifie** avec les cartes-mots lorsque tu as écrit les 6 mots.

1

2

3

4

5

6

Lis les phrases.

Léo a fait un beau plongeon dans le bassin de la piscine.
Je pose la bougie sur le bougeoir pour éclairer le salon.

Défi mémoire

Te souviens-tu des mots ?
Et si tu jouais au **Charivari des lettres** ?

Info parents > Les mots utilisés dans la page sont : pigeon – bourgeon – plongeoir – rougeole – geai – orangeade

« en »

Je vois

en

J'entends

« en »

Écris chaque mot les uns sous les autres, sur un cahier. **Vérifie** avec les cartes-mots lorsque tu as écrit les 6 mots.

1 

2 

3 

4 

5 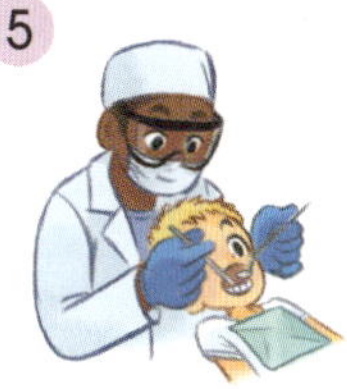

6 

Lis les mots, puis les phrases.

de l'encre　un ventilateur
les tentes　l'arc-en-ciel
une enveloppe
de la menthe　des rencontres
une aventure　vendredi
le silence　l'entonnoir

Réda rentre à la maison.
Il enlève son manteau et enfile ses chaussons.
J'entends le chat qui miaule dans la cuisine.
Le vent souffle sur les arbres du jardin.

« sss » écrit ç

Je vois ç

J'entends « sss »

Passe tes deux doigts sur la lettre ç.
Puis **trace** la lettre en l'air.

Devant **o**, **a** et **u**, la lettre **c** fait entendre le son **« kkk »**.
Exemples : **c**ar, **c**ol, **c**ulture
Il faut donc ajouter une cédille **ç** pour entendre le son **« sss »**.
Exemples : le**ç**on, pon**ç**age, dé**ç**u

Écris chaque mot les uns sous les autres, sur un cahier.
Vérifie avec les cartes-mots lorsque tu as écrit les 6 mots.

1 
2 
3 
4 
5 
6 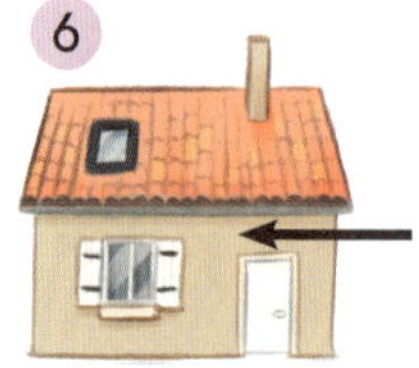

Lis les mots, puis les phrases.

le garçon le maçon la façon un tronçon
le rinçage Il a aperçu. Il reçoit.
Téo a reçu un colis, il l'ouvre vite.
Selma aperçoit un oiseau sur la branche du parc.

Info parents > Les mots utilisés dans la page sont : limaçon – balançoire – glaçon – caleçon – laçage – façade

« on », « an », « in » *écrits* om, am, im

Je vois **om** — J'entends « on »

Je vois **am** — J'entends « an »

Je vois **im** — J'entends « in »

Écris chaque mot les uns sous les autres, sur un cahier. **Vérifie** avec les cartes-mots lorsque tu as écrit les 6 mots.

Devant **b** ou **p**, en général, on écrit **m** au lieu de **n**.

1 

2 

3 

4 

5 

6 

Lis les mots, puis les phrases.

la chambre impossible
un nombre un timbre
simple un champignon
une framboise
On a campé pendant l'été.
Mia porte une robe sombre.
Le piéton qui traverse la rue sans faire attention est imprudent.

Défi mémoire

Te souviens-tu des mots ?
Et si tu jouais au **Charivari des lettres** ?

Info parents > Les mots utilisés dans la page sont : jambe – timbale – lampion – tambour – pompon – trompe

« ail », « eil », « euil », « ouil »

Dans cette image, trouve des mots avec les sons de la page.

ail — Je vois — « ail » — J'entends

eil — Je vois — « eil » — J'entends

euil — Je vois — « euil » — J'entends

Écris chaque mot les uns sous les autres, sur un cahier.
Vérifie avec les cartes-mots lorsque tu as écrit les 6 mots.

1 

2 

3 

4 

5 

6 

Lis les mots, puis les phrases.

l'épouvantail le travail de l'ail le conseil
un réveil un appareil un portail un vitrail
Les oiseaux ont peur de l'épouvantail.
Mamie m'a donné un conseil pour faire un bon travail.

Défi mémoire

Te souviens-tu des mots ?
Et si tu jouais au **Charivari des lettres** ?

Info parents > Les mots utilisés dans la page sont : soleil – orteil – éventail – rail – écureuil – fenouil

Le jour du test

Révision des sons.

Prononce à voix haute chaque son.

« ien »	« geo »	« en »	« ail »
« gui »	« im »	« gue »	« am »
« gea »	« euil »	« eil »	« om »

Révision de lecture.

Lis les phrases, puis le texte de « Je suis en CP » écrit par Magdalena.

Papi reste sur le seuil de la maison
et je rentre avec Léa.
Je prends mes crayons de couleur pour dessiner.

« C'est l'été,
chaud soleil, chapeau de paille,
château de sable et pieds dans l'eau.
C'est l'été à vélo, en pédalo ou en bateau,
chantons de plus en plus fort et haut ! »

Récréation.

À ton tour, **dessine** l'été à partir de ce que tu as lu.

Les défis lecture

Mot mystère.

Choisis un mot parmi ceux proposés et **fais-le deviner** à tes parents en prononçant distinctement chaque son.

Exemple : Je dis « **jjj** », « **ou** ». Quel est le mot ? C'est le mot **joue** !

Expressions.

Retrouve la bonne définition à chaque expression.

avoir le  sur la main	☐	☐	travailler avec ardeur
avoir du  à l'ouvrage	☐	☐	être généreux
en avoir le  net	☐	☐	savoir la vérité

Autour de mon dernier livre lu ou raconté.

Parle de l'histoire en une ou deux phrases.

Quelle partie de l'histoire as-tu préférée ? Pourquoi ?

Quel est le mot qui décrit le mieux l'histoire ?

amusante fantastique ennuyeuse surprenante
drôle réelle effrayante passionnante triste

« in » *écrit* ain, ein

Je vois **ain**

Je vois **ein**

J'entends « in »

Écris chaque mot les uns sous les autres, sur un cahier.
Vérifie avec les cartes-mots lorsque tu as écrit les 6 mots.

1 

2 

3 

4 

5 

6 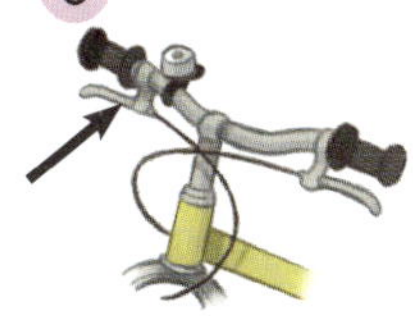

Lis les mots, les phrases, puis le texte de « Je suis en CP » écrit par Magdalena.

un bain   le poulain   du pain   un écrivain
une ceinture   la peinture   peindre   éteindre
Je prends un bain chaque soir, cela me fait du bien.
Demain, je me reposerai car ce sera dimanche,
puis j'irai rendre visite à mon parrain.

« – Je n'ai pas mon maillot
de bain, dit Mia.
Julie donne la main à Mia
et lui dit :
– Viens, Mia, j'en ai un pour toi ! »

Info parents > Les mots utilisés dans la page sont : train – main – grain – peinture – ceinture – frein

« mmm », « nnn », « sss » *écrits* mm, nn, ss

Je vois — mm — J'entends « mmm »

Je vois — nn — J'entends « nnn »

Je vois — ss — J'entends « sss »

Dans cette image, trouve des mots avec les sons de la page.

Écris chaque mot les uns sous les autres, sur un cahier.
Vérifie avec les cartes-mots lorsque tu as écrit les 6 mots.
Souligne en rose les **voyelles** (a, e, i, o, u, y) et en bleu les autres lettres.

1 
2 
3 
4 
5 
6 

Lis les mots, les phrases, puis le texte de « Je suis en CP » écrit par Magdalena.

la commode	la flamme	la gomme	un tonneau
un anneau	une sonnerie	une année	une tasse
une caisse	une brosse	une boisson	la trousse

Luc sonne à la porte, une personne vient lui ouvrir.
Sacha entend un rossignol qui chante dans le jardin.

« Toute la classe chante :
– Bon anniversaire Léa, Ana et Noé ! »

Info parents > Les mots utilisés dans la page sont : canne – pomme – dessin – boussole – poisson – homme

« lll », « rrr », « ttt » *écrits* ll, rr, tt

Je vois ll — J'entends « lll »

Je vois rr — J'entends « rrr »

Je vois tt — J'entends « ttt »

Écris chaque mot les uns sous les autres, sur un cahier.
Vérifie avec les cartes-mots lorsque tu as écrit les 6 mots.
Trouve pour chacun **un autre mot** qui finit par le même son.

1 
2 
3 
4 
5 
6 

Lis les mots, puis le texte de « Je suis en CP » écrit par Magdalena.

le verre   un carré   la terre   un fourré   l'erreur
la colle   un ballon   une rondelle de saucisson
une lotte   les pattes   les clochettes   la violette
l'échelle   des noisettes   allo

« –Si on ramasse un marron, on le mange ! dit Réda.
– Non, pas un marron ! Le marron ne se mange pas.
C'est la châtaigne qui se mange ! » dit Selma.

Info parents > Les mots utilisés dans la page sont : perruche – pierre – balle – bretelle – natte – crevette

« ééé » en fin de mot *écrit* er

er — Je vois

« ééé » — J'entends

Écris chaque mot les uns sous les autres, sur un cahier. **Vérifie** avec les cartes-mots lorsque tu as écrit les 6 mots.

1 

2 

3 

4 

5 

6 

Défi mémoire

Te souviens-tu des mots ?
Et si tu jouais
au **Charivari des lettres** ?

Lis les mots, la phrase, puis le texte de « Je suis en CP » écrit par Magdalena.

le danger un palmier mon tablier chanter
des étriers filer siffler discuter un dossier
le plombier un cahier distribuer

J'ai acheté un grand cahier pour écrire mes devoirs du soir.

« – Voici les poules, dit maîtresse Julie.
– Où est le poussin ? demande le fermier.
– Caché dans ma main, répond Ana. »

Info parents > Les mots utilisés dans la page sont : sanglier – fermier – soulier – clocher – boulanger – berger

x *et du* z muets en fin de mot

Je vois *x* Je ne l'entends pas. « … »

Je vois *z* Je ne l'entends pas. « … »

Écris chaque mot les uns sous les autres, sur un cahier. **Vérifie** avec les cartes-mots lorsque tu as écrit les 6 mots. **Souligne** en rose les **voyelles** (a, e, i, o, u, y) et en bleu les **consonnes** (toutes les autres lettres).

1 

2 

3 2

4 

5 

6 

Lis les mots, les phrases, puis le texte de « Je suis en CP » écrit par Magdalena.

la perdrix la voix une noix roux des seaux
les oiseaux les feux sérieux le rez-de-chaussée
vous chantez vous avez vous sifflez vous avancez

Au rez-de-chaussée de notre immeuble, nous avons un jardin.
Vous aimez planter des fleurs sur votre balcon.

« Chaque élève a deux baguettes et un bol de riz.
– Ce n'est pas facile, le riz avec les baguettes !
dit Réda, qui n'y arrive pas. »

Info parents > Les mots utilisés dans la page sont : houx – croix – deux – prix – riz – nez

g *et du* c muets en fin de mot

Je vois

g

Je ne l'entends pas.

« … »

Je vois

c

Je ne l'entends pas.

« … »

Écris chaque mot les uns sous les autres, sur un cahier.
Vérifie avec les cartes-mots lorsque tu as écrit les 6 mots.

1 

2 

3 

4 

5 

6 

Lis les mots, la phrase, puis le texte de « Je suis en CP » écrit par Magdalena.

un étang un long manteau
le bourg franc le tabac l'estomac
Autrefois, l'Euro s'appelait le Franc.

« – Oh, ce manteau ! Il est rigolo,
mais il est trop long pour toi !
dit Basil en tirant dessus. »

Défi mémoire

Te souviens-tu des mots ?
Et si tu jouais au **Charivari des lettres** ?

Info parents > Les mots utilisés dans la page sont : rang – hareng – croc – banc – poing – broc

« oin » *écrit* oin, « an » *écrit* aon

Je vois *oin* J'entends « oin »

Je vois *aon* J'entends « an »

Écris chaque mot les uns sous les autres, sur un cahier.
Vérifie avec les cartes-mots lorsque tu as écrit les 6 mots.

1 
2 
3 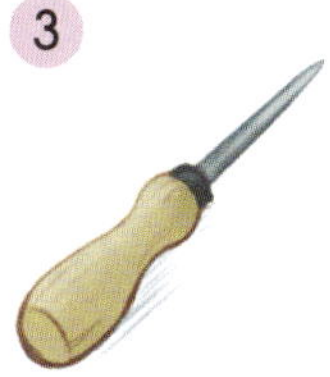
4 
5 
6 

Lis les mots, les phrases, puis le texte de « Je suis en CP » écrit par Magdalena.

le soin   un point   moins   un joint   un témoin
coincé   la pointure   des pointillés   loin

J'ai vu un faon qui traversait la forêt avec sa mère, la biche.
Je taille mon crayon pour qu'il soit bien pointu.
Le témoin raconte ce qu'il a vu ce matin dans la tempête.

« Le bébé lapin commence
par se cacher dans un coin,
puis il vient renifler les enfants. »

Info parents > Les mots utilisés dans la page sont : coin – foin – poinçon – taon – faon – paon

« sss » *écrit* sc, « èèè » *écrit* ei

Je vois *sc* — J'entends « sss »

Je vois *ei* — J'entends « èèè »

Écris chaque mot les uns sous les autres, sur un cahier.
Vérifie avec les cartes-mots lorsque tu as écrit les 6 mots.

1 

2 

3 

4 

5 

6 

Lis les mots, la phrase, puis le texte de « Je suis en CP » écrit par Magdalena.

le sceau la scie la sciure
une science la peine seize
treize la veine l'haleine
une tisane de verveine
Le frère de Léo a seize ans,
son cousin Tim n'a que treize ans.

« C'est jour de piscine pour les CP !
Mia ne veut pas aller à la piscine
car elle a peur de l'eau. »

Défi mémoire

Ferme les yeux et épelle chacun des 6 mots de la page.
Donne le nombre de lettres.

Info parents > Les mots utilisés dans la page sont : scène – scie – ascenseur – peigne – neige – madeleine

« eu » *écrit* œu *et* œ, « iii » *écrit* ï, « èèè » *écrit* ë

Je vois — œu → J'entends « eu »

Je vois — œ → J'entends « eu »

Je vois — ï — J'entends « iii »

Je vois — ë — J'entends « èèè »

Si l'on veut que le son « a » et le son « i » soient lus séparément, il ne faut pas oublier d'écrire 2 points sur le ï. On appelle ces 2 points un **tréma**.
Exemple : le maïs

Écris chaque mot les uns sous les autres, sur un cahier.
Vérifie avec les cartes-mots lorsque tu as écrit les 6 mots.

1 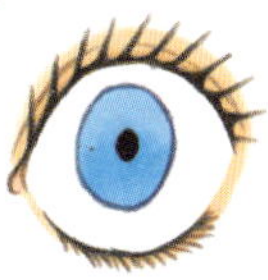
2 
3 
4 
5 
6 

Lis les mots, puis le texte de « Je suis en CP » écrit par Magdalena.

le nœud   une manœuvre   la sœur   une œillade
un œdème   un canoë   du maïs   naïf   héroïque

« On ne choisit jamais ses frères et sœurs.
Ils naissent avant ou après nous.
Mais on fait partie de la même famille.
On s'aime pour la vie. »

Info parents > Les mots utilisés dans la page sont : œil – bœuf – cœur – œuf – Noël – mosaïque

t muet en fin de mot

Je vois *t* — Je ne l'entends pas. « … »

Écris chaque mot les uns sous les autres, sur un cahier. **Vérifie** avec les cartes-mots lorsque tu as écrit les 6 mots.

1 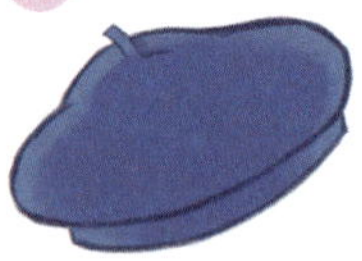
2 
3 
4 
5 
6 

Défi mémoire

Écris à nouveau ces 6 mots, cette fois dans l'ordre croissant : du plus court au plus long.

Lis les mots, puis le texte de « Je suis en CP » écrit par Magdalena.

le guichet inquiet un crochet discret un couplet

« Bleu ou noir, c'est le soir
Quand la lune se lève
Moi je me couche.
Quand les étoiles me disent bonsoir
Je tire les rideaux
Je ferme les yeux
Et dans le ciel je m'envole
Pour faire le tour de la nuit ! »

Info parents > Les mots utilisés dans la page sont : béret – bouquet – chalet – avocat – abricot – lit

Cartes-images

Découpe soigneusement les images en suivant les pointillés. Et range-les dans une enveloppe quand tu ne t'en sers pas.

image de Emmanuel Ristord, « Je suis en CP »
© Flammarion

image de Emmanuel Ristord, « Je suis en CP »
© Flammarion

image de Emmanuel Ristord, « Je suis en CP »
© Flammarion

image de Emmanuel Ristord, « Je suis en CP »
© Flammarion

image de Emmanuel Ristord, « Je suis en CP »
© Flammarion

image de Emmanuel Ristord, « Je suis en CP »
© Flammarion

image de Emmanuel Ristord, « Je suis en CP »
© Flammarion

image de Emmanuel Ristord, « Je suis en CP »
© Flammarion

image de Emmanuel Ristord, « Je suis en CP »
© Flammarion

image de Emmanuel Ristord, « Je suis en CP »
© Flammarion

image de Emmanuel Ristord, « Je suis en CP »
© Flammarion

image de Emmanuel Ristord, « Je suis en CP »
© Flammarion

image de Emmanuel Ristord, « Je suis en CP »
© Flammarion

image de Emmanuel Ristord, « Je suis en CP »
© Flammarion

image de Emmanuel Ristord, « Je suis en CP »
© Flammarion

image de Emmanuel Ristord, « Je suis en CP »
© Flammarion

image de Emmanuel Ristord, « Je suis en CP »
© Flammarion

image de Emmanuel Ristord, « Je suis en CP »
© Flammarion

image de Emmanuel Ristord, « Je suis en CP »
© Flammarion

image de Emmanuel Ristord, « Je suis en CP »
© Flammarion

image de Emmanuel Ristord, « Je suis en CP »
© Flammarion

image de Emmanuel Ristord, « Je suis en CP »
© Flammarion

image de Emmanuel Ristord, « Je suis en CP »
© Flammarion

image de Emmanuel Ristord, « Je suis en CP »
© Flammarion

image de Emmanuel Ristord, « Je suis en CP »
© Flammarion

image de Emmanuel Ristord, « Je suis en CP »
© Flammarion

image de Emmanuel Ristord, « Je suis en CP »
© Flammarion

image de Emmanuel Ristord, « Je suis en CP »
© Flammarion

image de Emmanuel Ristord, « Je suis en CP »
© Flammarion

image de Emmanuel Ristord, « Je suis en CP »
© Flammarion

image de Emmanuel Ristord, « Je suis en CP »
© Flammarion

image de Emmanuel Ristord, « Je suis en CP »
© Flammarion

image de Emmanuel Ristord, « Je suis en CP »
© Flammarion

image de Emmanuel Ristord, « Je suis en CP »
© Flammarion

image de Emmanuel Ristord, « Je suis en CP »
© Flammarion

image de Emmanuel Ristord, « Je suis en CP »
© Flammarion

image de Emmanuel Ristord, « Je suis en CP »
© Flammarion

image de Emmanuel Ristord, « Je suis en CP »
© Flammarion

image de Emmanuel Ristord, « Je suis en CP »
© Flammarion

image de Emmanuel Ristord, « Je suis en CP »
© Flammarion

image de Emmanuel Ristord, « Je suis en CP »
© Flammarion

image de Emmanuel Ristord, « Je suis en CP »
© Flammarion

image de Emmanuel Ristord, « Je suis en CP »
© Flammarion

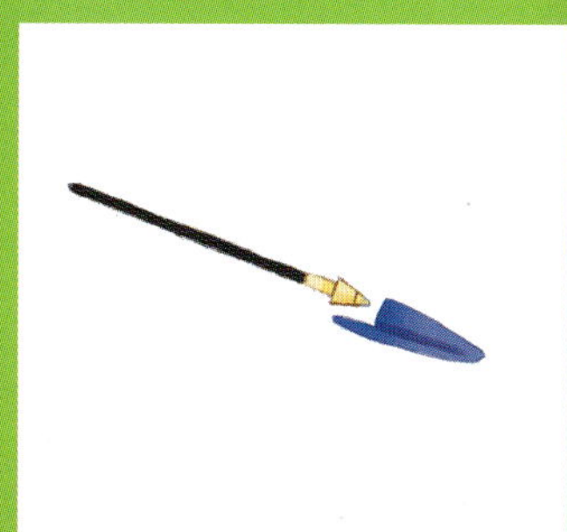

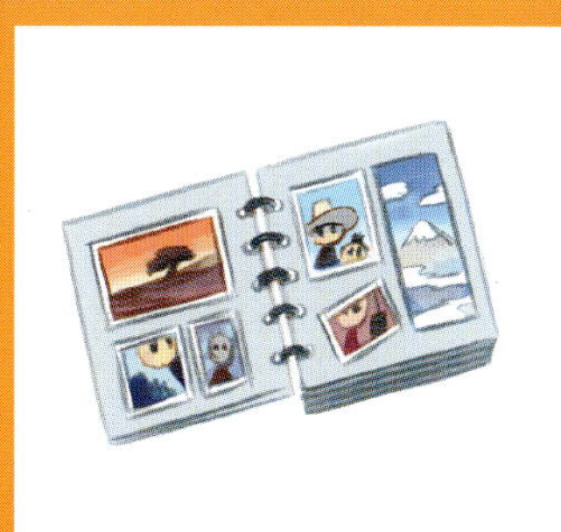

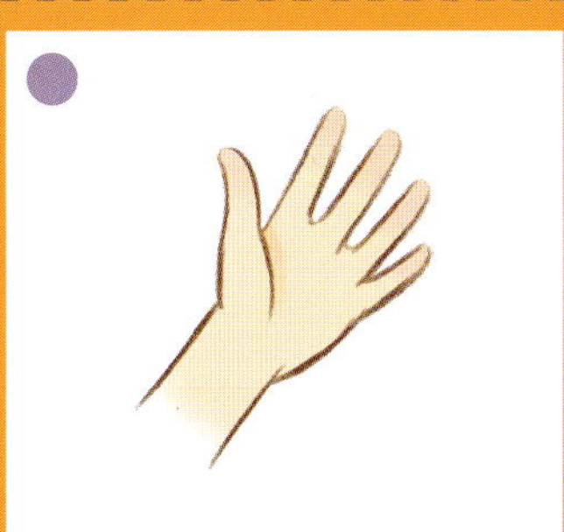

image de Emmanuel Ristord, « Je suis en CP »
© Flammarion

image de Emmanuel Ristord, « Je suis en CP »
© Flammarion

image de Emmanuel Ristord, « Je suis en CP »
© Flammarion

image de Emmanuel Ristord, « Je suis en CP »
© Flammarion

image de Emmanuel Ristord, « Je suis en CP »
© Flammarion

image de Emmanuel Ristord, « Je suis en CP »
© Flammarion

image de Emmanuel Ristord, « Je suis en CP »
© Flammarion

image de Emmanuel Ristord, « Je suis en CP »
© Flammarion

image de Emmanuel Ristord, « Je suis en CP »
© Flammarion

image de Emmanuel Ristord, « Je suis en CP »
© Flammarion

image de Emmanuel Ristord, « Je suis en CP »
© Flammarion

image de Emmanuel Ristord, « Je suis en CP »
© Flammarion

image de Emmanuel Ristord, « Je suis en CP »
© Flammarion

image de Emmanuel Ristord, « Je suis en CP »
© Flammarion

image de Emmanuel Ristord, « Je suis en CP »
© Flammarion

image de Emmanuel Ristord, « Je suis en CP »
© Flammarion

image de Emmanuel Ristord, « Je suis en CP »
© Flammarion

image de Emmanuel Ristord, « Je suis en CP »
© Flammarion

image de Emmanuel Ristord, « Je suis en CP »
© Flammarion

image de Emmanuel Ristord, « Je suis en CP »
© Flammarion

image de Emmanuel Ristord, « Je suis en CP »
© Flammarion

image de Emmanuel Ristord, « Je suis en CP »
© Flammarion

image de Emmanuel Ristord, « Je suis en CP »
© Flammarion

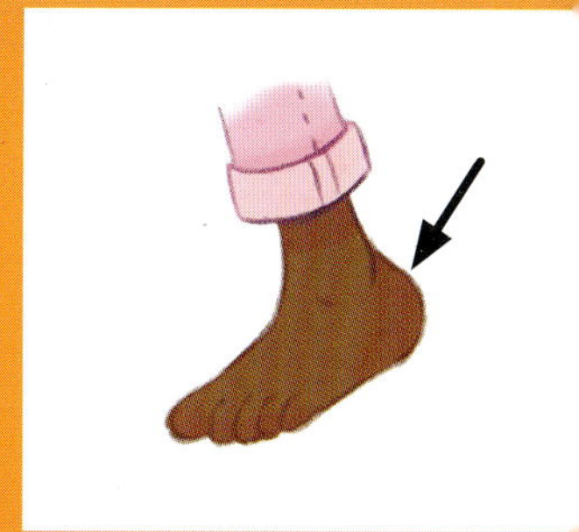

A

image de Emmanuel Ristord, « Je suis en CP »
© Flammarion

image de Emmanuel Ristord, « Je suis en CP »
© Flammarion

image de Emmanuel Ristord, « Je suis en CP »
© Flammarion

image de Emmanuel Ristord, « Je suis en CP »
© Flammarion

image de Emmanuel Ristord, « Je suis en CP »
© Flammarion

image de Emmanuel Ristord, « Je suis en CP »
© Flammarion

image de Emmanuel Ristord, « Je suis en CP »
© Flammarion

image de Emmanuel Ristord, « Je suis en CP »
© Flammarion

image de Emmanuel Ristord, « Je suis en CP »
© Flammarion

image de Emmanuel Ristord, « Je suis en CP »
© Flammarion

image de Emmanuel Ristord, « Je suis en CP »
© Flammarion

image de Emmanuel Ristord, « Je suis en CP »
© Flammarion

image de Emmanuel Ristord, « Je suis en CP »
© Flammarion

image de Emmanuel Ristord, « Je suis en CP »
© Flammarion

image de Emmanuel Ristord, « Je suis en CP »
© Flammarion

image de Emmanuel Ristord, « Je suis en CP »
© Flammarion

image de Emmanuel Ristord, « Je suis en CP »
© Flammarion

image de Emmanuel Ristord, « Je suis en CP »
© Flammarion

image de Emmanuel Ristord, « Je suis en CP »
© Flammarion

image de Emmanuel Ristord, « Je suis en CP »
© Flammarion

image de Emmanuel Ristord, « Je suis en CP »
© Flammarion

image de Emmanuel Ristord, « Je suis en CP »
© Flammarion

image de Emmanuel Ristord, « Je suis en CP »
© Flammarion

image de Emmanuel Ristord, « Je suis en CP »
© Flammarion

image de Emmanuel Ristord, « Je suis en CP »
© Flammarion

image de Emmanuel Ristord, « Je suis en CP »
© Flammarion

image de Emmanuel Ristord, « Je suis en CP »
© Flammarion

image de Emmanuel Ristord, « Je suis en CP »
© Flammarion

image de Emmanuel Ristord, « Je suis en CP »
© Flammarion

image de Emmanuel Ristord, « Je suis en CP »
© Flammarion

image de Emmanuel Ristord, « Je suis en CP »
© Flammarion

image de Emmanuel Ristord, « Je suis en CP »
© Flammarion

image de Emmanuel Ristord, « Je suis en CP »
© Flammarion

image de Emmanuel Ristord, « Je suis en CP »
© Flammarion

image de Emmanuel Ristord, « Je suis en CP »
© Flammarion

image de Emmanuel Ristord, « Je suis en CP »
© Flammarion

image de Emmanuel Ristord, « Je suis en CP »
© Flammarion

image de Emmanuel Ristord, « Je suis en CP »
© Flammarion

image de Emmanuel Ristord, « Je suis en CP »
© Flammarion

image de Emmanuel Ristord, « Je suis en CP »
© Flammarion

image de Emmanuel Ristord, « Je suis en CP »
© Flammarion

image de Emmanuel Ristord, « Je suis en CP »
© Flammarion

image de Emmanuel Ristord, « Je suis en CP »
© Flammarion

image de Emmanuel Ristord, « Je suis en CP »
© Flammarion

image de Emmanuel Ristord, « Je suis en CP »
© Flammarion

image de Emmanuel Ristord, « Je suis en CP »
© Flammarion

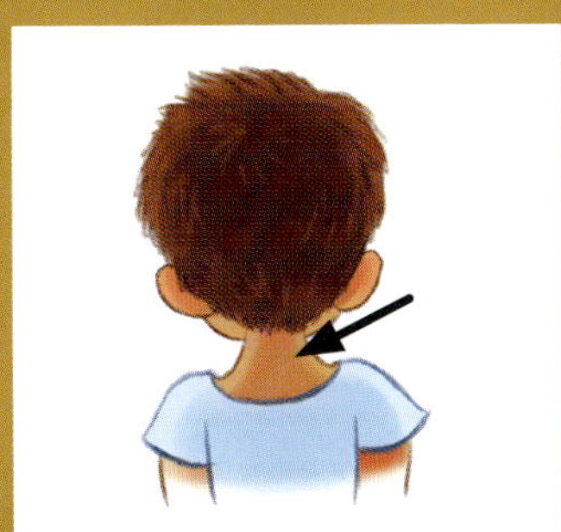
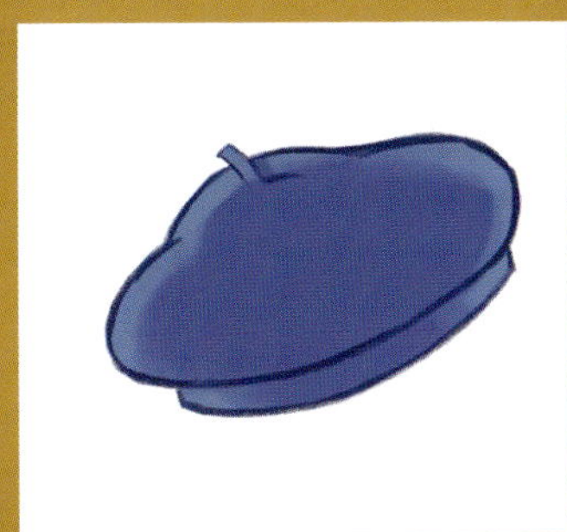

image de Emmanuel Ristord, « Je suis en CP »
© Flammarion

image de Emmanuel Ristord, « Je suis en CP »
© Flammarion

image de Emmanuel Ristord, « Je suis en CP »
© Flammarion

image de Emmanuel Ristord, « Je suis en CP »
© Flammarion

image de Emmanuel Ristord, « Je suis en CP »
© Flammarion

image de Emmanuel Ristord, « Je suis en CP »
© Flammarion

image de Emmanuel Ristord, « Je suis en CP »
© Flammarion

image de Emmanuel Ristord, « Je suis en CP »
© Flammarion

image de Emmanuel Ristord, « Je suis en CP »
© Flammarion

image de Emmanuel Ristord, « Je suis en CP »
© Flammarion

image de Emmanuel Ristord, « Je suis en CP »
© Flammarion

image de Emmanuel Ristord, « Je suis en CP »
© Flammarion

image de Emmanuel Ristord, « Je suis en CP »
© Flammarion

image de Emmanuel Ristord, « Je suis en CP »
© Flammarion

image de Emmanuel Ristord, « Je suis en CP »
© Flammarion

image de Emmanuel Ristord, « Je suis en CP »
© Flammarion

image de Emmanuel Ristord, « Je suis en CP »
© Flammarion

image de Emmanuel Ristord, « Je suis en CP »
© Flammarion

image de Emmanuel Ristord, « Je suis en CP »
© Flammarion

image de Emmanuel Ristord, « Je suis en CP »
© Flammarion

image de Emmanuel Ristord, « Je suis en CP »
© Flammarion

image de Emmanuel Ristord, « Je suis en CP »
© Flammarion

image de Emmanuel Ristord, « Je suis en CP »
© Flammarion

Lettres mobiles

pour **Mes premiers mots** (pp 29-40),
Mes premiers sons complexes (pp 41-50),
Mes premières phrases (pp 51-62).

Découpe soigneusement les lettres en suivant les pointillés. Et range-les dans une enveloppe quand tu ne t'en sers pas.

a	a	a	a	a	a	a	a	a	a
a	a	b	b	b	b	b	b	b	b
c	c	c	c	c	c	c	ç	d	d
d	d	e	e	e	e	e	e	e	e

e e e e é é é é é é

è è è è è è ë f f f

f f g g g g g g g h

h h h h h i i i i i

i i i ï j j j j k k

k l l l l l l l l l

l l l m m m m m m n

n n n n n n n n n o

o o o o o o o p p p

p p p q q q q q q r

r r r r r r r r r s

s s s s s s s s s t

t t t t t t t u u u

u u u u v v v v v w

w x x x y y y z z z

Cartes-mots
pour les mots à construire
partie 3

vipère	lèvre	trèfle	comète	sirène
mère	cheval	cloche	vache	chèvre
char	machine	gare	gril	pagode
tigre	légume	ogre	caribou	loupe
cagoule	bouche	chou	clou	soucoupe
boucle	babouche	moustache	ours	fourmi
melon	avion	camion	talon	savon
lion	bleu	feu	pneu	docteur
neuf	fleur			

page 42	page 42	page 42	page 42	page 42
page 43	page 43	page 43	page 43	page 42
page 44	page 44	page 44	page 43	page 43
page 45	page 45	page 44	page 44	page 44
page 46	page 45	page 45	page 45	page 45
page 46	page 46	page 46	page 46	page 46
page 47	page 47	page 47	page 47	page 47
page 48	page 48	page 48	page 48	page 47
			page 48	page 48

partie 4

maman	ruban	ancre	panda	branche
amande	marin	pantin	moulin	lutin
lapin	chemin	mouchoir	voiture	étoile
noir	roi	toiture	girafe	garage
luge	singe	mage	orage	journal
donjon	jupe	autruche	jaune	landau
citron	cigale	cil	source	puce
lance	orque	casque	nuque	requin
toque	quiche	capitaine	aigle	maire

page 52	page 52	page 52	page 52	page 52
page 53	page 53	page 53	page 53	page 52
page 54	page 54	page 54	page 53	page 53
page 55	page 55	page 54	page 54	page 54
page 56	page 55	page 55	page 55	page 55
page 56	page 56	page 56	page 56	page 56
page 57	page 57	page 57	page 57	page 57
page 58	page 58	page 58	page 58	page 57
page 59	page 59	page 59	page 58	page 58

éclair	graine	laine	bouteille	oreille
feuille	médaille	grenouille	quille	

partie 5

vase	usine	maison	case	valise
rasoir	oiseau	drapeau	bateau	eau
pipeau	rideau	chignon	pagne	signature
montagne	agneau	trognon	photographe	saphir
dauphin	phoque	pharaon	phare	tank
kilt	anorak	ski	kimono	képi
tricycle	stylo	pyjama	cylindre	cygne

page 60	page 60	page 59	page 59	page 59
	page 60	page 60	page 60	page 60
page 64	page 64	page 64	page 64	page 64
page 65	page 65	page 65	page 65	page 64
page 66	page 66	page 66	page 65	page 65
page 67	page 67	page 66	page 66	page 66
page 68	page 67	page 67	page 67	page 67
page 68	page 68	page 68	page 68	page 68
page 69	page 69	page 69	page 69	page 69

pyramide	paysan	noyau	gruyère	tuyau
rayure	crayon	index	zigzag	zébu
mixeur	boxe	taxi	initiale	aviation
natation	direction	partition	opération	hache
hamster	hibou	hanche	harpon	huit
hippopotame	horloge	horizon	hélicoptère	hiver
huile	orchidée	chorale	orchestre	album
arum	aquarium	chien	gardien	lien
musicien	indien	magicien	langue	vague
guignol	bague	guidon	guitare	pigeon

page 70	page 70	page 70	page 70	page 69
page 71	page 71	page 71	page 70	page 70
page 72	page 72	page 71	page 71	page 71
page 73	page 72	page 72	page 72	page 72
page 73	page 73	page 73	page 73	page 73
page 74	page 74	page 74	page 74	page 74
page 77	page 77	page 77	page 77	page 74
page 78	page 78	page 78	page 77	page 77
page 79	page 79	page 78	page 78	page 78
page 80	page 79	page 79	page 79	page 79

bourgeon	plongeoir	rougeole	geai	orangeade
pendule	pente	endive	menton	dentiste
engin	limaçon	balançoire	glaçon	caleçon
laçage	façade	jambe	timbale	lampion
tambour	pompon	trompe	soleil	orteil
éventail	rail	écureuil	fenouil	train
main	grain	peintre	ceinture	frein
canne	pomme	dessin	boussole	poisson
homme	perruche	pierre	balle	bretelle
natte	crevette	sanglier	fermier	soulier

page 80	page 80	page 80	page 80	page 80
page 81	page 81	page 81	page 81	page 81
page 82	page 82	page 82	page 82	page 81
page 83	page 83	page 83	page 82	page 82
page 84	page 84	page 83	page 83	page 83
page 87	page 84	page 84	page 84	page 84
page 87	page 87	page 87	page 87	page 87
page 88	page 88	page 88	page 88	page 88
page 89	page 89	page 89	page 89	page 88
page 90	page 90	page 90	page 89	page 89

clocher	boulanger	berger	houx	croix
deux	prix	riz	nez	rang
hareng	croc	banc	poing	broc
coin	foin	poinçon	taon	faon
paon	scène	scie	ascenseur	peigne
neige	madeleine	œil	bœuf	cœur
œuf	Noël	mosaïque	béret	bouquet
chalet	avocat	abricot	lit	

page 91	page 91	page 90	page 90	page 90
page 92	page 91	page 91	page 91	page 91
page 92	page 92	page 92	page 92	page 92
page 93	page 93	page 93	page 93	page 93
page 94	page 94	page 94	page 94	page 93
page 95	page 95	page 95	page 94	page 94
page 96	page 96	page 95	page 95	page 95
	page 96	page 96	page 96	page 96